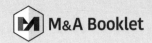
M&A Booklet

データで読み解く
日本のM&A
40年史

株式会社レコフデータ〔編〕

中央経済社

はじめに

　レコフデータは1985年よりM&Aデータを作成しており、2024年で40年となりました。

　レコフデータ自体は2008年4月に設立され、会社としては17年ですが、レコフデータの設立母体であるレコフは、創立以来、わが国独立系M&Aブティックの草分けとしてM&Aのサポートを行うかたわら、M&Aデータベースの構築にも注力してきました。

　当初、このデータベースはレコフの社内限りのものでしたが、日本のM&A普及のための共有財産にすべきとの考えから、1995年1月にデータベース専門の担当部門としてマール室を置き、このデータをベースにした月刊誌「MARR（マール）」を刊行しています。

　2008年4月よりレコフデータがM&Aデータベースの事業を引き継ぎ、現在では1985年以降のデータ数は12万件超となっています。

　1980年代後半のバブル期には、M&Aは一部の大企業が行うものであり、件数も年間数百件程度でした。現在では、日本企業が関係するM&Aの年間件数は、公表された案件だけで4,000件を超えます。案件の内容も上場企業の再編・事業売却から、大企業による海外企業のM&A、事業承継に関連した国内中堅・中小企業のM&Aやベンチャー投資まで、この40年間で案件の裾野は大きく広がりました。

　M&Aが経済活動の重要な役割を担い、その目的が多様化しているこの時期に、1つの節目として、本書『データで読み解く　日本のM&A40年史』を執筆することになりました。

　本書では、M&Aの歴史を①1990年まで、②1991年〜1998年、③1999年〜2008年、④2009年以降の4つに区分することで、大きな時代の流れをつかみやすい構成としました。また、グラフや表を使用することで、可能な限り数値や視覚的な把握ができるように工夫しました（データは2024年末時点）。また、文中に出てくるM&Aデータの用語や定義などについては、巻末の「データの見方」を参照ください。

　本書が、皆様にとってM&A史の理解と、現在と将来のM&A市場考察の一助になれば幸いです。

2025年3月

　　　　　　　　　　　　　　　　　　　　　　　　　　株式会社レコフデータ

目次

はじめに 3

第1章 M&A史を読み解く4つの時代

1　4つの時代区分 ··· 10
2　1990年まで ·· 11
　（1）M&A黎明期
　（2）バブル期のM&A
3　1991年から1998年まで ·· 12
　（1）バブル後のM&A市場
　（2）既存の枠組み崩壊の8年
4　1999年から2008年まで ·· 15
　（1）業界再編
　（2）インフラストラクチャの再構築
5　2009年以降 ··· 18
　（1）リーマン・ショックによる市場の縮小から再拡大へ
　（2）M&A市場の複数のドライバー

第2章 M&A黎明期からバブル期：1990年まで

1　日本初のM&Aチーム誕生 ·· 25
2　「大店法」成立がM&Aの追い風に ··· 26
3　「M&Aは証券業務」、大蔵省が認知 ··· 27
4　バブルと海外大型買収 ··· 28
　　Column　手数料計算方式の始まり　31

第3章 古い秩序の崩壊：1991年～1998年

1　リストラ型M&A増加、金融大再編の予兆も ··································· 35
2　「日本版金融ビッグバン」構想打ち出す ··· 36
3　大恐慌の1997年と「山ードミノM&A」 ·· 37
　（1）1997年の銀行・証券の経営破綻

（2）1998年の銀行・証券の再編
　　　 Column   M&Aデータの始まり、MARR（マール）創刊　40

第4章　新しい枠組みの構築：1999年〜2008年

1　3行統合による「みずほグループ」誕生 ……………………………… 43
2　都市銀行の再編　13行から4グループへ集約 ………………………… 45
　　（1）1999年10月
　　（2）2000年
　　（3）証券会社の再編
3　損保業界の再編と生保業界での外資によるM&A …………………… 49
　　（1）損保業界の再編
　　（2）外資による中堅生保のM&A
4　持株会社の解禁など、M&A関連の法整備が急速に進む ………… 51
　　（1）M&A関連の法整備
　　（2）持株会社制の導入件数の動向
5　「官」による産業再生M&Aが活発化 ………………………………… 53
6　敵対的M&A登場 ………………………………………………………… 54
　　（1）初の敵対的TOB
　　（2）敵対的M&Aの動向
7　政府、買収防衛策指針を発表（企業価値研究会） ………………… 57
　　（1）買収防衛策指針の公表と濫用的買収者の認定
　　（2）買収防衛策導入企業数の動向
8　経営陣が事業買収、MBOも活発化 …………………………………… 59
　　（1）MBOの目的
　　（2）MBOの動向
9　2004年、M&A2,000件超 ……………………………………………… 60
　　（1）M&A活況、2006年には件数で第2波のピークへ
　　（2）業種別M&Aの動向
10　リーマン・ショック、M&Aも"冬の時代"へ ……………………… 62
　　 Column   ニッポン放送買収劇　64
　　　（1）ニッポン放送買収劇の経緯

(2) その後
(3) ニッポン放送買収劇が残したもの
> **Column** 対日投資促進施策の歩みと変遷　68
> **Column** NTTとJT～1985年の民営化によって発足した両者のM&A　72

第5章　M&A推進要因の多様化：2009年以降

1. ガバナンス改革の進展 ……………………………………………… 79
   (1) ガバナンス改革は2013年にスタート
   (2) 着実にアップデートされていったガバナンス改革
   (3) 上場企業の変化
2. 「企業買収における行動指針」公表 ………………………………… 81
3. 物言う株主（アクティビスト）の動向 ……………………………… 83
   > **Column** ニデック～M&Aでモーターから工作機械へ事業領域を拡大　86
   > **Column** 日立製作所の事業構造改革　90
4. IN-OUT案件の大型化 ………………………………………………… 93
5. 海外M&Aの失敗と経済産業省の「海外M&A研究会」 ……………… 95
   (1) 海外の大型買収と失敗案件
   (2) 経済産業省「我が国企業による海外M&A研究会」
   (3) PMIの浸透
6. ポートフォリオ組み換え、グローバルベースで進展 ………………… 98
   (1) 日本企業のM&Aは「買い」が先行
   (2) 2011年から海外M&Aが活発化し、グローバルベースで進展
   > **Column** ソフトバンクグループ～「進化と増殖」に向けたM&A　102
7. 事業承継M&Aの急拡大 ……………………………………………… 105
8. 事業承継M&Aの課題対応 …………………………………………… 106
   > **Column** 事業承継の仲介と上場企業のFA（利益相反）　109
   (1) 仲介とFAの違いは何か
   (2) 仲介に内在する利益相反

        9　コロナ禍によるM&Aへの影響 ……………………………………… 112
         （1）前年比8.8%の減少
         （2）感染拡大・アフターコロナへの対応
         （3）上場企業の事業再編動向
        10　ベンチャー投資の拡大 ……………………………………………… 114
        11　PEファンドのプレゼンス増大 …………………………………… 116

おわりに　121

巻末資料

        レコフデータの沿革 ……………………………………………………… 124
        データの見方 ……………………………………………………………… 127
        大型案件トップ20 ………………………………………………………… 130
        編者・執筆者紹介 ………………………………………………………… 134

第1章

M&A史を読み解く4つの時代

1 4つの時代区分

　現在のM&A市場を俯瞰し今後を予測していくうえで、M&A史を振り返り、過去からの潮流の先端として現在を捉え直すことの意義は大きい。本書では、1970年代からの長い歴史を対象に、データを参照しながら各時代の潮流を読み解いていきたい。まず、時代を以下の４つに大きく区分をする。

　1984年までは残念ながらM&Aに関する正確なデータが存在しない。しかし、1973年から山一證券でM&Aの第一線で活躍していたレコフの創業者が、当時の業務内容を記録した文書がレコフデータ社内に存在することから、1984年以前の状況についてはその内容に基づいて紹介する。1985年以降はレコフデータが保有するM&Aデータを参照しながら、バブルがはじける1990年までを第１の時代としてみていく。

　第２の時代は、1991年から1998年までの８年間。この間、大手金融機関が破綻し大蔵省から金融行政が分離される。日本中がバブルの処理に奔走するが、その処理が完結することはなく、日本経済全体にとって非常に厳しい８年間となる。

　第３の時代として定義した1999年から2008年までの10年間は、M&Aを取り巻くインフラストラクチャが再構築され、M&A件数は年間1,000件前後のレベルから約３倍に急増した期間である。企業価値という概念が日本社会全体に浸透し、投資銀行のフィナンシャル・アドバイザリー（FA）サービスが確立されていった。

　2009年以降が第４の時代で、リーマン・ショックや東日本大震災の影響によりM&A件数はいったん大幅に減少するが、2012年から増加に転じていく。M&Aを推進する要因に関しては、企業のガバナンス改革、海外買収、事業承継ニーズの高まり、ベンチャー投資と、多様な時代となっている。

図表1：時代区分とM&A件数・日経平均株価の推移

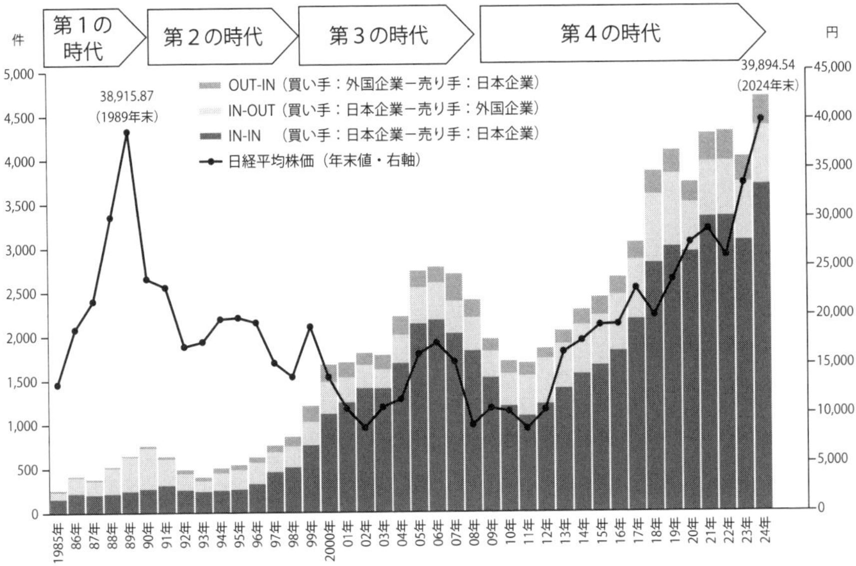

凡例:
- OUT-IN （買い手：外国企業－売り手：日本企業）
- IN-OUT （買い手：日本企業－売り手：外国企業）
- IN-IN （買い手：日本企業－売り手：日本企業）
- 日経平均株価（年末値・右軸）

第1の時代／第2の時代／第3の時代／第4の時代

38,915.87（1989年末）
39,894.54（2024年末）

2　1990年まで

（1）M&A黎明期

　前述のレコフデータの社内文書によるとM&Aの具体的な案件の記録は1974年が最初である。それまで企業が戦略意図を持って買収・合併を実行することは稀だったが、1974年施行の大規模小売店舗法により、新規出店が難しくなった大手流通企業と中堅・中小の小売企業との間で、M&Aの買いと売りのニーズが出現した。流通業界ではM&Aのブームを迎え、多くのM&Aが成立したが、M&Aは限られた業界の特定の経営者が検討をするもので、経営手法として広がっていくまでには、まだまだ時間が必要であった。

　ちなみに、米国では1960年代にはM&Aを活用して自社をコングロマリット化することが流行した。アグレッシブな経営者により通信機器製造会社がレンタカー、ホテル、保険会社などを買収するような多角化を目的としたM&Aが盛んに行われた。しかし、日本においては、そういった状況は見られなかった。

(2) バブル期のM&A

　1985年以降、国内では「財テク」という言葉が流行し、「株は下がらない、不動産価格は下がらない」という根拠のない神話が語られるようになっていた。M&A市場では、財テクの延長線上で、海外の資産を高値で買収するM&Aが数多く実行された。これらの案件のほとんどは成果を生むことはなく、莫大な損失を日本企業にもたらす結果となった。

　また、「グリーンメイラー」という言葉が知れわたったのもこの時代だった。グリーンメイラーとは、対象会社の株式を買い占めて、購入した値段よりも高い値段で買い戻させることを狙う組織のことをいうが、最も有名な出来事は、米国の投資家ブーン・ピケンズ氏によるトヨタ系自動車部品メーカー小糸製作所の株式買占めである。同氏は1989年から1991年にかけて小糸製作所の筆頭株主として経営陣と攻防を繰り広げたが、同氏のグリーンメイラー的な活動も批判の対象となり、乗っ取り屋として知られるようになって最終的に小糸製作所株式を手放した。

　そうした時代のなかで、ブリヂストンによる米国第2位のタイヤメーカー米ファイアストン買収（1988年）や、ソニーによる米コロンビア・ピクチャーズ買収（1989年）といった、その後に成果を上げた大型案件もあった。

　M&Aという言葉が広く認識された時代だったが、その「語感」はネガティブな印象をともなったもので、M&Aというと乗っ取りや投資の失敗という言葉が連想された。そしてバブル期以降、M&Aに関する悪い印象を世間が長い間持ち続けることになってしまった。

3　1991年から1998年まで

(1) バブル後のM&A市場

　バブルがはじけた後、M&A市場は低迷する。M&A件数は、1993年には405件となる。バブル期にブームを迎えた海外買収（IN-OUT）の件数もピーク時の約4分の1まで減少し、外資系や日系の金融機関に創設されたM&A部署は、ほとんどが消滅をしていった。

図表2：バブル後のM&A件数の推移

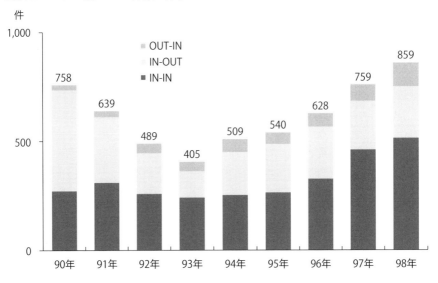

　M&A案件としては、バブル後の過剰設備を解消するための経営統合や、買収した海外企業や不採算子会社の売却などリストラ型のM&Aが行われた。また、金融再編の序章ともいえる案件が公表された。1990年に三井銀行と太陽神戸銀行が合併し1992年にさくら銀行へと商号変更、1991年に協和銀行と埼玉銀行が合併し1992年にあさひ銀行へと商号変更をした。

　当時、企業価値という概念は「コーポレート・ファイナンス」の教科書に書かれているもので、実際のビジネスで用いられる場面はほとんどなかった。本来、M&Aを用いた再生案件が数多く実行されるべき状況だったが、事業再生という言葉は存在していなかったし、会社分割や民事再生を活用できる法的なインフラも整っていなかった。そんな重苦しい状況下で、大手金融機関の破綻を迎えることになる。

(2) 既存の枠組み崩壊の8年

　この時代は、金融の分野において、その後の日本の方向を決定づける大きな3つの潮流があった。その潮流と出来事を次の表にまとめた。

潮流① バブルの崩壊とその対処
1991年　証券取引法改正により、投資一任勘定が禁止、損失補填が禁止となる
1993年　商法改正により、株主代表訴訟手数料一律低額化、監査役権限強化
1998年　30兆円の公的資金導入などの金融機能安定化緊急措置法が成立
潮流② 金融制度の規制緩和
1992年　金融制度改革関連法案が成立し、銀行の子会社を通じた証券業務への参入が可能になる
1996年　橋本内閣が「日本版ビッグバン」を打ち出し、翌々年から純粋持株会社・金融持株会社が解禁され、外資規制が緩和
潮流③ 再三の不祥事が引き起こした行政や金融機関に対する民意の反発
1991年　大手証券による損失補填問題で四大証券社長が国会へ証人喚問
1996年　住宅金融専門会社の不良債権問題（6兆4,000億円）が発覚し、公的資金（税金）が投入され大蔵次官が辞任
1997年　第一勧業銀行による総会屋利益供与事件で同行の元会長が自殺、現役会長ら11名逮捕
1997年　四大証券による総会屋利益供与事件で社長ら21名が逮捕
1998年　大蔵省接待汚職事件で、自殺者2名、逮捕者7名（大蔵省、日銀、証券取引等監視委員会、道路公団）、大蔵大臣、日銀総裁、大蔵次官ら辞任
財政と金融が分離され、2001年に大蔵省の名称は消滅

　潮流①は、バブル後の対処で、最大の課題は金融機関の不良債権問題である。この問題は、1998年から約12兆円の公的資金が大手銀行中心に資本注入されることにより安定化へ向かった。潮流②は、欧米で始まり日本も巻き込まれていった金融自由化の波で、1970年代から始まり21世紀まで続いていく骨太の潮流である。潮流③は、数々のスキャンダルなどにより、行政や金融機関に対する世論が厳しさを増していく流れである。

　1991年から1998年までの8年間は、長い視点で捉えれば、戦後の高度経済成長を支えてきた金融の枠組みが崩壊していく8年と位置づけることができる。大蔵省を頂点とする間接金融中心のヒエラルキー、「護送船団方式」が崩壊した8年間である。時代は成熟化・低成長へと移行していて、金融制度の変革は必然だったが、残念ながらバブルの崩壊という状況下で、変革というよりも崩壊を招

いてしまった。そして、明日が見えないどん底の時代から新たな枠組みの再構築がスタートし、次の10年で新しいインフラストラクチャが整えられていくことになる。日本のM&A市場も、それに合わせて急拡大していく時代を迎える。

4 1999年から2008年まで

(1) 業界再編

バブルの崩壊後、それまでの金融の枠組みが崩壊して金融業界の業界再編が行われた。金融再編の詳細は後のページで記載するが、1997年、1998年と大手金融機関の破綻が続き、その後は猛スピードで統合・再編が進み、金融界の新しい枠組みができ上がった。外資系の投資銀行は1997年頃からM&Aのフィナンシャル・アドバイザリー（FA）サービスを本格的に開始し、事業会社だけでなく金融再編の当事者となる金融機関同士のM&Aに対してFAサービスを提供した。金融再編後は、日系の投資銀行（証券会社）も本格的なFAサービスを提供するようになった。

金融業界の再編に続き、さまざまな業界で日本を代表する企業の統合や買収が行われ、業界の再編が進行した。**図表3**はIN-IN（金融・保険を除く）大型案件リストである。

図表3：1999年～2008年　IN-IN 金額上位10件（金融・保険を除く）

順位	金額 (億円)	当事者1 社名	当事者1 業種	当事者2 社名	当事者2 業種	形態	公表日など
1	18,834	DDI	通信	KDD 日本移動通信（IDO）	通信	合併	1999/12/16
2	13,523	イトーヨーカ堂	小売	セブン−イレブン ジャパン デニーズジャパン	小売・外食	合併 (株式移転)	2005/4/21
3	8,401	山之内製薬	医薬品	藤沢薬品工業	医薬品	合併	2004/2/25
4	7,968	三共	医薬品	第一製薬	医薬品	合併 (株式移転)	2005/2/19
5	5,251	田辺製薬	医薬品	三菱ウェルファーマ	医薬品	合併	2007/2/2
6	4,400	花王　他	化学	カネボウ カネボウ化粧品	化学	買収	2005/12/17
7	4,159	キリンホール ディングス	食品	協和発酵工業	医薬品	買収	2007/10/22
8	4,038	パナソニック	電機	三洋電機	電機	買収	2008/11/7
9	3,859	新日本石油	石油	新日鉱ホールディングス	石油	合併 (株式移転)	2008/12/4
10	3,833	川崎製鉄	鉄鋼	NKK	鉄鋼	合併 (株式移転)	2002/4/14

　上記表には入っていないが、阪急ホールディングスによる阪神電気鉄道の買収（2006年5月、3,741億円）、伊勢丹と三越の経営統合（2007年8月、2,923億円）、コニカとミノルタの経営統合（2003年1月、1,860億円）、バンダイとナムコの経営統合（2005年5月、1,736億円）などもこの時代を象徴する案件である。ダイナミックな業界再編がM&Aを活用することにより行われた。

(2) インフラストラクチャの再構築

　法律、会計、税務の分野でも大変革が行われ、猛スピードで新たなインフラストラクチャが構築された。それにより、業界再編の大型統合案件も実現が可能となった。事業再生の枠組みも、民事再生法が施行され産業再生機構が設立されるなど整備がなされた。事実を年表にまとめると次のとおりとなる。

新たな各種法制度の年表

1997年　独禁法改正、合併手続き簡素化、純粋持株会社解禁
1998年　企業合併審査基準緩和、金融システム改革法、金融再生法成立
1999年　株式交換・移転制度導入、産業活力再生特別措置法施行、連結財務諸表の重視、キャッシュフロー計算書の開示、税効果会計の導入
2000年　民事再生法施行、退職給付会計導入、金融商品の時価会計導入
2001年　会社分割制度導入、組織再編税制の整備、金庫株解禁、私的整理ガイドライン公表、銀行等株式保有制限法成立、DIPファイナンス制度の導入、「規制改革推進3か年計画」閣議決定
2002年　種類株式の多様化、新株予約権制度導入、連結納税制度導入、監査役機能の強化、取締役責任の制限
2003年　委員会等設置会社制度導入、産業再生機構設立、会社更生法改正、産業活力再生特別措置法改正、「企業結合に係る会計基準の設定に関する意見書」公表（2006年度より適用）
2005年　買収防衛策指針の発表
2006年　新会社法施行
2007年　三角合併解禁（合併等対価の柔軟化）

　この時代、「会社は誰のものか」という議論も盛んに行われ、この10年間で企業価値という概念が定着し、株主重視の企業経営が浸透しはじめた。別な言い方をすれば、直接金融を中心とした経済社会に必要な構造改革が行われた10年であった。FAサービスについては、取締役の説明責任を果たすうえで不可欠な機能との認識が広がった。M&A件数は、インフラが整い企業の経営手法として定着していくにしたがって1998年の859件から2006年2,775件（当時のピークの件数）へ大幅に増加した。
　次の図は、1991年から2008年までの変革を一枚のスライドにした概念図である。

図表4:変革の概念図

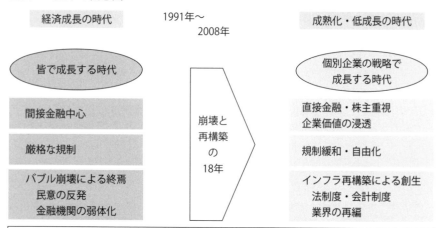

1991年～2008年、日本の経済構造が変わり、仕組みや意識が大きく変化した。
バブル崩壊が金融再編を後押しし、金融に続き、さまざまな業界で再編が行われた。
M&A関連のインフラが整い、M&Aは企業経営に不可欠な手法として定着していった。

5　2009年以降

(1) リーマン・ショックによる市場の縮小から再拡大へ

　リーマン・ショックの影響で、2006年には2,775件あったM&A件数が2011年には1,687件まで減少する。39％の減少だが、IN-INに限ってみれば2,174件から1,086件へと50％減少している。当時のM&A市場で働いている者の感覚では、市場から買手が消滅してしまったような印象であった。リーマン・ショック後の企業財務にとっては現金を保有していることが最重要で、M&Aを含めて投資をするマインドは著しく低い状況だった。ただ、いつまでもその状況が続くわけではなく、2011年を底にして市場が再拡大を始める。

　2012年に第2次安倍内閣が発足して、2013年には「日本再興戦略－JAPAN is BACK」が発表され、いわゆるアベノミクスがスタートする。その流れが、ガバナンス改革へとつながっていった。次頁の年表のように、経済産業省を中心に、数多くのガイドラインや報告書が発表され、上場企業は市場からROEを向上させていく圧力を受け、日立製作所の大型のカーブアウトに代表されるように事業再

編に取り組んでいくことになる。これがM&A市場の活性化に大きな役割を果たしていく。

ガバナンス改革の年表
 2013年 日本再興戦略—JAPAN is BACK（アベノミクス"第3の矢"）
     異次元緩和（日銀黒田総裁）
 2014年 スチュワードシップ・コード（企業と機関投資家との対話）
     伊藤レポート（企業価値向上への課題分析、ROE目標8％）
 2015年 コーポレートガバナンス・コード（攻めのガバナンス実現）
 2018年 海外M&A研究会報告書（海外買収成功のポイント）
 2019年 グループガイドライン（グループガバナンスの在り方）
 2020年 事業再編ガイドライン（事業ポートフォリオマネジメント）
     （コロナ禍）
 2021年 会社法改正（株式交付制度）
 2023年 東証のPBR改善要請
     企業買収における行動指針（買収提案を受けた場合の実務指針）

（2）M&A市場の複数のドライバー

 2009年以降は、上場企業の事業変革や再編だけでなく、M&A市場では、複数の強い要因（ドライバー）により、M&A件数はさらに増加をする。
 リーマン・ショック後、M&A市場をけん引したのは、クロスボーダーM&Aである。日本市場が人口減少により縮小していくなかで、海外で成長の活路を見出そうという企業が立て続けに大型の海外買収を行っていった。**図表5**が示すように、2008年以降は金額ベースでは、IN-OUT案件が圧倒的な存在感を示している。

図表5：M&A金額の推移

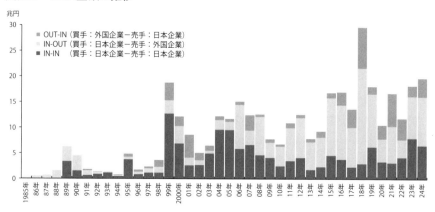

　国内の中堅中小企業においては、M&Aによって後継者不足の問題解決を図る事業承継M&Aが2018年頃から急増して大きな市場を形成した。事業承継M&Aを専門とするM&A仲介会社も数多く生まれた。ベンチャー投資もAIやDXといった分野への注目が高まり2018年には1,000件を突破する。まとめると、現在のM&A市場をけん引する主なドライバーとしては、①上場企業の再編・事業変革、②クロスボーダーM&A、③事業承継、④ベンチャー投資があげられる。

　以上、これまでのM&A市場を大きな時代の括りで見てきたが、第1から第4の時代に表題を付けるとすれば**図表6**のようになるだろう。

図表6：時代別の表題

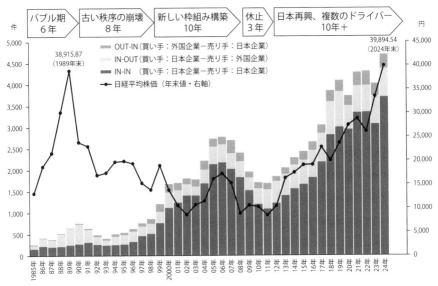

第 2 章

M&A黎明期から
バブル期
1990年まで

年表（1973年～1990年）

年月		主な出来事/主なM&A案件
1973年	2月	米国、ドル10%単独切り下げを発表。円は変動相場制に移行
	10月	OPEC、原油価格70%引上げ（第1次オイル・ショック）
1974年	3月	大規模小売店舗法施行
1975年	5月	米国で株式売買手数料の完全自由化
1977年	10月	1ドル250円を割る。円高不況深刻化
1979年	1月	第2次オイル・ショック
	12月	外為法改正で対外資本取引を「原則禁止」から「原則自由」へ
1981年	6月	銀行法・商法改正（窓販、ディーリングなど）
		商法の一部改正（ワラント債の導入など）
1982年	10月	商法改正（単位株制度導入など）
1983年	10月	米国、預金金利を約50年ぶりに完全自由化
1984年	5月	日米円ドル委員会で米国は日本の金融自由化、円の国際化を迫る
1985年	3月	日本たばこ産業（JT）日本電信電話（NTT）設立
	8月	三光汽船倒産。負債総額5,200億円で戦後最大
1986年	11月	NTT株式が売り出され、1,000万人超が申込み
1987年	4月	JR各社設立
	10月	ブラックマンデー、NY証券取引所史上最大の暴落
1988年	5月	ブリヂストン、米ファイアストンのTOB成立
		証取法改正・金融先物取引法公布
1989年	4月	消費税導入（税率3%）
		証取法改正（インサイダー取引規制強化）
	10月	三菱地所、米ロックフェラーグループ社を買収
	11月	ソニーが米コロンビア・ピクチャーズ・エンターテインメントを買収
	12月	日経平均株価3万8,915円、過去最高値
1990年	3月	大蔵省、不動産業向け貸出しの総量規制
	6月	証取法改正（株券等大量保有に関する開示）
	10月	日経平均株価2万円割れ
	12月	松下電器産業が米MCAを買収

（注）網掛けは主なM&A案件

1 日本初のM&Aチーム誕生

　日本におけるM&Aビジネスの始まりについては諸説あるだろうが、レコフの創業者が、当時の業務内容を記録したレコフデータ社内文書にM&Aの始まりに関する記述がある。その内容を紹介する。

****

　1973年5月、当時は大手証券会社の一角だった山一證券の企画室へ中国系アメリカ人の投資銀行家が訪ねてきた。彼は米系の投資銀行に所属し、企業の買収を斡旋する業務に従事していて、面談で持参してきた「売り物案件リスト」という書類を差し出した。このリストには米国の建設会社や禁煙パイプを作る会社などの名が並んでいた。この「売り物」を買う可能性がある日本企業を紹介してほしいという依頼だった。後のレコフの創業者を含め、面談に出席をしていた山一の社員は、会社を売買するという意味がよくわからず、ただ、話をきいていた。

　後日、レコフの創業者は、このリストを手に大手商社の役員を訪ねると、経営企画部に通され、「売り物案件リスト」について議論がなされた。大手商社の真剣度合いをみるに、会社の買収斡旋については世の中にニーズがあり、日本でもビジネスとして成り立つ可能性があると直感した。

　中国系アメリカ人の投資銀行家の訪問からわずか2カ月後の1973年7月、山一證券の本店営業部に第三課が新設された。「新規開拓を行う」という名目であったが、実態はM&Aをビジネス化するための部署だった。この日本初のM&Aチームは、レコフの創業者となる課長1名、課員3名とアシスタント1名を含めた5名でスタートした。

****

　この頃、米国でもファースト・ボストンやモルガン・スタンレーといった投資銀行がM&Aチームを設置し、M&Aビジネスを本格的に拡大するところだった。しかし、まだ「M&A」という言葉はなく、こうしたビジネスを「acquisition（アクイジション）」の略で、「AQ」と呼んでいたようである。

2 「大店法」成立がM&Aの追い風に

　1973年前後は、日本経済激動の時期である。1972年に発足した田中内閣は「列島改造」を掲げ、日本中が建設ラッシュ、不動産ブームに沸いていた。

　しかし、1973年10月には第4次中東戦争をきっかけに、石油輸出国機構（OPEC）の加盟国が米国への原油輸出を禁止、わずか3カ月で原油価格は4倍に上昇した。「第一次オイル・ショック」である。この石油危機の影響で世界主要国の経済は失速、1974年の日本の実質GDP（国内総生産）は1.2％減と、戦後初めてマイナス成長となった。

　国内ではM&Aに関係する動きがあった。大店法（大規模小売店舗における小売業の事業活動の調整に関する法律）が1973年10月1日に制定され、1974年3月1日に施行された。

　流通小売業界では1960年代後半からスーパー業界が急成長し、大手を中心に全国で出店ラッシュが起こっていた。各地でこれら大型店と出店に反対する地元中小商店・商店街の摩擦が生じており、大店法はこの出店調整のために設けられた法律である。

　大店法では、500平方メートル以上の店舗は地域の商業活動調整協議会での承認が必要となるなど出店に厳しい条件が課された。大店法によって大型店の出店には多くの時間、労力、コストがかかることになった。とりわけ中小・中堅クラスのスーパーにとっては、出店負担が大きくなったし、多店化を進める大手との競争も厳しくなっていた。

　大手スーパーは100億円、200億円といった売上の中小スーパーを合併することにより店舗を拡大しようと動き出した。すでに株式上場を果たし資金力をつけてきたダイエー、ジャスコ（現イオン）、イトーヨーカ堂、西友の4社が既得権買いの中心となって流通再編が進んでいくのである。

　「流通業がなかったら、日本にはM&Aはなかった」といわれるほどM&Aは流通業とともに成長した。大店法の施行が日本のM&A時代の幕開けとなった。

3 「M&Aは証券業務」、大蔵省が認知

1980年代には、日本の銀行による米国銀行の買収が目立ち始めた。米国の多くの銀行は、1970年代から急速に進んだ金融自由化になかなか対応できなかった。融資拡大に走ったが失敗し、多額の不良債権を抱えていた。

日本の銀行はそのような状況のなかで米国銀行の買収を始めていた。1981年～1983年の3年間をみても、以下のような買収が行われている。

81年1月	三和銀行	ファースト・シティ・バンク買収
81年3月	三菱銀行	ファースト・ナショナル・バンク・オブ・ザ・サンディエゴ・カウンティ買収
81年6月	三井銀行	マニュファクチャラーズ・バンク買収
83年3月	富士銀行	米国の金融サービス会社2社買収
83年8月	三菱銀行	バンク・オブ・カリフォルニア買収

銀行買収にみられるように、1984年頃から海外のM&A案件が増え始めた。この時期、商社や金融機関、弁護士・会計士事務所が一斉にM&Aの部門やチームを作り、海外への投資をサポートした。

一方、米国は日本にも金融・資本市場の開放などを求めており、1984年には日本の金融自由化へのスケジュールなどが発表された。金融自由化の具体的なポイントは、①預金金利の自由化、②金融市場の整備・充実による金利自由化、③内外市場の一体化、④外国金融機関の対日アクセス、⑤ユーロ円の自由化などだ。

しかし、日本の金融自由化は段階的にその基本方向を示したもので、大蔵省はその実施を先延ばした。この判断が後に日本に大きな災いとなって襲ってくる。

金融自由化は1994年10月の預金金利自由化で完結するが、その時にはバブル崩壊と金融自由化が同時に起き、日本の金融機関は大打撃を受けてしまう。歴史にifはないが、もし1984年の段階、つまり日本経済がまだ健全で銀行には不良債権がなく企業体力が強いうちに金融自由化を行っていれば、異常なバブル発生とその後の壊滅的なバブル崩壊はなかったかもしれない。

このような時期に、大蔵省からM&Aビジネスにとって注目される発言があった。1984年に大蔵省大臣官房審議官に就任した藤田恒郎氏が雑誌のインタビュー

で「M&Aは堂々たる証券業務である」と語ったのである。この後、大蔵省の省令・通達改正でM&Aによる収入は証券業務の収入として認められた。M&A業務は、証券業の1つとして公に認知されたことになる。

4 バブルと海外大型買収

「バブル景気」「平成景気」などとも呼ばれる日本のいわゆる"バブル"の時期は1986年12月から1991年2月まで51カ月続いた。1987年度から1990年度までの4年間の名目GDPの年平均成長率は5.2％だった。

1989年12月末の全国地価総額は2,000兆円を超えた。これはアメリカの地価総額の4倍強に相当した。アメリカの国土面積は日本の約25倍、つまり単位当たりの日本の地価はアメリカの100倍強となる。また、日経平均株価は、バブル景気の発端とされるドル高是正の国際協調「プラザ合意」がなされた1985年9月の1万2,000円台から1987年9月には2万5,000円台と2年で2倍以上に上昇した。

当時の日本人は正常な判断能力を失っていた。これがバブルの怖さである。

バブル発生の初期の段階の1986年11月、民営化されたNTT株式が、1株119万7,000円で売り出され、1,000万人を超える申込みが殺到した。単純に掛け算するとおよそ12兆円の申込みである。くじ引きで多数の個人株主が誕生した。NTT株式を買えない人が大勢いた。このことが公開人気に火をつけて、1987年2月9日に上場したNTT株は初日、値がつかず、2日目に初値160万円がついた。そしてその後も株価は上昇し、4月22日には318万円に達した。これをきっかけにして個人の株式投資が過熱していった。

この時期、日本企業による大規模な海外企業買収が相次いだ。

1987年11月、ソニーは米国のCBSレコードを買収することを発表した。約20億ドル（当時の換算レートで約2,700億円）という買収金額は、日本企業の買収金額では当時過去最高となった。ソニーは1989年には映画製作の米コロンビア・ピクチャーズの買収にも踏み切る。

1988年5月、ブリヂストンが、米国第2位の自動車タイヤメーカーである米ファイアストン・タイヤ・アンド・ラバーの全株式を取得、ブリヂストンは売上規模で世界第3位のタイヤメーカーとなった。買収金額は約3,300億円だった。

同年9月、西武セゾングループは英国のコングロマリット、グランドメトロポリタン所有の世界的ホテルチェーン、インターコンチネンタル・ホテルズの買収を発表した。買収金額は21億5,000万ドル（約2,900億円）で、ホテル買収としては最大級の規模となった。

　この年、日・豪、日・米の牛肉自由化問題が合意に達した。日本の食肉メーカーや商社によるオーストラリアの肉牛肥育会社や食肉処理加工会社の買収、資本参加なども盛んだった。

　海外企業買収の動きは数年続き、1990年には富士通が英国最大のコンピュータメーカーのICLを買収し、松下電器産業（現パナソニック）が米国の大手映画・エンターテインメント企業のMCAの買収を決めた。いずれも大きなM&Aで、MCAの買収額は8,000億円に近く、日本企業による海外買収では最大規模だった。

　日本企業による外国企業へのM&AであるIN-OUTの件数の推移をみると、1980年代後半に急増し1990年には463件に達している。その後、この年間件数を超えたのは2012年の517件であり、実に20年以上かかっている。また、1990年の全M&A件数758件に対するIN-OUTの割合は6割を超えており、当時、いかに海外企業へのM&Aが活発であったかがうかがえる。

図表7：IN-OUT件数と全M&A件数に占める割合

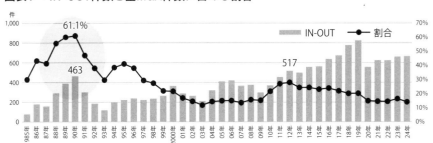

　なお、日本のバブルは1989年が絶頂期だった。

　1988年12月に3万円台の大台に乗せた日経平均株価は1989年の1年で1万円近く上昇、1989年末の大納会では史上最高値の3万8,915円をつけた。この時点で東証上場株式の時価総額は600兆円を超えた。

　不動産投資も活発で、国内だけでなく海外にも及んだ。三菱地所によるニュー

ヨーク5番街にあるロックフェラーセンターの買収はその代表例で、円の力にモノを言わせた買収はニューヨーク市民の反発も招いた。

　しかし、株価は1990年1月の大発会で大きく値を下げた後、一気に下げ続けた。1990年末の東証上場株式時価総額は、390兆円、わずか1年で実に210兆円の金額が株式市場からそれこそ"泡"のように消えてしまったのだ。株価暴落が表すように、バブルは弾け、空前の不況が始まった。

Column
手数料計算方式の始まり

　1973年に創設されたM&Aチーム、山一證券の営業第三課は、1974年に初案件を成約した。スーパーマーケット店舗の事業譲渡案件だった。その案件を進める際、M&Aプロセスや仲介ビジネスの契約書の内容、手数料水準については、前例もなく、誰も知る者はいなかった。当時、日本にM&Aの専門書はもちろん、参考となるような書籍や記事もなかった。あらゆることが手探りで、自分たちで試行錯誤しながら目の前の課題を解決していった。

　幸いなことに、山一證券の調査部には商法や税金に関する専門家がいたので、これら専門家たちの知恵を借りながら学んでいった。

　仲介手数料については、第三課課員の1人が、米国の投資銀行、リーマン・ブラザーズのM&A手数料体系表を見つけてきた。これはリーマン方式（レーマン方式）といわれ、M&Aの取引金額によって料率を逓減していくやり方である。営業第三課では、これをベースに米ドルを円換算した以下の料率表を作成した。

取引金額	手数料率
5億円未満	5%
10億円未満（5億円以上10億円未満の部分）	4%
50億円未満（10億円以上50億円未満の部分）	3%
100億円未満（50億円以上100億円未満の部分）	2%
100億円以上	1%

　この仲介手数料の料率表が、その後、日本のM&A手数料のスタンダードになっていった。

　なお、M&Aの手数料収入の扱いについて、当時は証券業務として計上するところがなかったため、社内検討の結果、「その他収入」に計上することになった。

第 3 章

古い秩序の崩壊
1991年～1998年

年表（1991年〜1998年）

年月		主な出来事/主なM&A案件
1991年	2月	景気後退が始まる
	10月	証取法などの改正（投資一任勘定の全面禁止、損失補填・保証の禁止）
1992年	5月	証取法改正（証券取引等監視委員会の設置）
	6月	金融制度改革関連法成立、証券業務を含む金融制度の枠組みが変わる
	8月	戦後最大規模、総額10兆7,000億円の総合経済対策を決定
1993年	10月	商法改正（株主代表訴訟手数料の一律低額化、監査役権限強化）
1994年	6月	円高、初の1ドル100円割れ
	10月	三菱化成と三菱油化が合併
1995年	1月	阪神・淡路大震災
	4月	円高、1ドル80円割れ
	9月	住宅金融専門会社（住専）8社の不良債権8兆円を超える
1996年	4月	政府が「M&Aに関する対日投資会議声明」を決定
		三菱銀行と東京銀行が合併
	6月	住専処理・金融関連6法が成立
	11月	政府、大規模金融改革として「日本版金融ビッグバン」構想を打ち出す
1997年	4月	消費税率3％から5％へアップ
	5月	改正外為法成立（外為取引1998年4月自由化）
	6月	改正独占禁止法成立（純粋持株会社解禁）
	10月	三井石油化学工業と三井東圧化学が合併
	11月	北海道拓殖銀行、経営破綻
		山一證券、自主廃業を決定
1998年	2月	30兆円公的資金導入など金融機能安定化緊急措置法成立
	4月	日本版金融ビッグバン（金融大改革）スタート
	10月	日本長期信用銀行、一時国有化を申請。日本初の銀行国有化
		金融再生法・金融早期健全化法施行
	12月	証取法改正で証券業の参入規制が免許制から登録制へ移行

（注）網掛けは主なM&A案件

1 リストラ型M&A増加、金融大再編の予兆も

　バブル崩壊後のM&Aの状況は、事業再構築という意味でのリストラの動向として大きく3段階に分けることができる。第1段階では、低成長下でのグループ内企業の効率化を図る必要性から「グループ内統廃合型リストラ」が急増し、1993年にピークに達した。第2段階は、1994年より目立ち始めた事業戦略の見直しにともなう多角化した子会社および不採算子会社などの「グループ外売却型リストラ」だ。そして、第3段階として、1995年から「大企業本体のリストラ」が動き出した。

　1994年の「グループ外売却型リストラ」の主な事例としては、たとえば青木建設は、1988年に米国・ウェスティンホテルを買収、大きな話題となったが、1994年にこれを米国のホテルグループなどに売却（530億円）した。

　ほかにも長崎屋によるコンビニチェーン「サンクスアンドアソシエイツ」の小野グループへの売却、ミネベアによる傘下の信販会社「ミネベア信販」などの米GEキャピタルへの売却などがあった。

　一方で「コア・ビジネスへの経営集中」案件も出始めてきた。規制緩和、円高、ディスカウント化、消費者起点の市場構造への変化などにより、従来の経済システムが新しいシステムへと変化しつつあった。企業は21世紀への生き残りをかけて新しい企業像、事業展開を模索し始めていた。

　主な事例としては、昭和電工（現レゾナック）がポリスチレン事業を旭化成に、旭化成がポリプロピレン事業を昭和電工に事業譲渡するという、事実上の事業交換案件。住友セメントと大阪セメントなど大手素材メーカー同士の合併。キリンビールと米アンハイザー・ブッシュとのビール事業日本トップと世界トップとの事業提携。ソフトバンクによる米国のコンピューター関連雑誌大手「ジフ・デービス」の展示会部門の買収などのグローバル競争時代の到来に対処した大規模な戦略案件があった。

　なお、1995年に不正融資が原因で東京の安全信用組合と東京協和信用組合の2つの信用組合が経営破綻した。日本銀行は2信組救済のため、大手民間銀行と共同出資で東京共同銀行（現整理回収機構）を設立した。日本銀行による介入は、従来の大手銀行による救済が難しくなったことを示しており、数年後の金融大不

況と大再編の予兆でもあった。

2 「日本版金融ビッグバン」構想打ち出す

1996年11月、政府（橋本内閣）は「日本版金融ビッグバン」構想を発表した。「2001年に東京市場をニューヨークやロンドンのような国際金融市場にする」ことを目指した大規模な金融制度改革である。骨子は以下のとおりである。

【金融ビッグバンの具体策】
- 金融機関の業務分野規制を撤廃することによって、銀行・証券会社・保険会社が互いの業務分野への相互参入を可能にすること
- 金融機関以外の事業会社なども金融業務への参入を可能にすること
- 証券売買の委託手数料の自由化などによって金融機関の競争を促進し、金融ビッグバンの成果を企業・個人に還元すること
- 外為法の改正によって内外の資金移動を活発化させること
- 金融商品の開発・販売についての規制を撤廃することによって、各社が自由に商品設計を行えるようにすること
- 金融機関・預金者・投資家に自己責任原則を徹底させること
- 預金受入金融機関に対する早期是正措置の導入により業務停止命令の発動などをルール化すること
- 金融行政をこれまでの裁量型から市場機能を重視したルール型の行政に改めること

日本の金融機関は当時から100兆円を超える不良債権を抱えているといわれ、瀕死の状態にあった。そうした状況において、すでに10年以上も前から"金融の自由化"のなかで鍛えられてきた欧米の金融機関との競争に投げ出されてしまった。

金融自由化は、最終的には消費者にメリットをもたらすが、強いものが勝ち残るという劇薬であるだけに、経済と金融がより健康な時に実施されるべき性質のものであった。

経済大不況のなかでの金融ビッグバンの推進は、日本の金融システムそのものを、文字どおり大爆発（ビッグバン）により粉々にさせてしまった。

3　大恐慌の1997年と「山一ドミノM&A」

(1) 1997年の銀行・証券の経営破綻

　1997年は激変、激動の年だった。数多くの銀行や証券会社の経営が行き詰まり、大手証券会社の不祥事も相次いだ。同年春以降の主だった銀行・証券関連の経営破綻は以下のとおりである。

```
4月    日産生命、営業停止へ
10月   京都共栄銀行、破綻
11月   三洋証券、会社更生法申請
11月   北海道拓殖銀行、破綻
11月   山一證券、自主廃業
11月   徳陽シティ銀行、破綻
12月   丸荘証券、自己破産
```

　4月の日産生命の破綻の原因はバブル期の高利回り商品の販売と不良債権の増加であり、株式の含み益が少ない他の中小生保にも破綻の可能性があることが示された。

　11月の北海道拓殖銀行の破綻は、10月中旬に格付けが投機的とされるBBに格下げされてしまい、市場からの資金繰りがつかなくなるというものだった。これは銀行の破綻が大蔵省主導からマーケット主導へ変わっていく流れにあることを意味していた。

　また、山一證券も、11月21日にムーディーズ・インベスターズ・サービスから社債格付けを投資適格のBaa3から投機的となるBa3に3段階格下げすると発表され、短期市場での資金繰りがつかなくなった。11月24日に臨時取締役会を開催し、自主廃業に向けた営業停止を決議。同日、大蔵省に営業休止届を申請した。

　山一證券の自主廃業の発表は、金融界に大地震にも似た衝撃波を与える。まず他の大手証券に「合従連衡」を決意させることになるが、これはただちに大手都市銀行の証券戦略の転換を迫った。大手都市銀行・大手証券のこの動きは、他の金融機関の戦略変更を促す。このようにして、次から次へと金融界のM&Aが起こっていく。

(2) 1998年の銀行・証券の再編

　1998年5月中旬、野村證券はアセットマネジメントとデリバティブ分野で日本興業銀行と提携すると発表した。山一證券の破綻に決定的な衝撃を受けた野村證券と、後の日本長期信用銀行や日本債券信用銀行の破綻に見られるように日本における"長期信用銀行"の役割の終焉が予想され、密かに危機感を募らせていた日本興業銀行との苦渋に満ちた提携だった。

　6月2日には、米トラベラーズグループが日興証券の増資と転換社債を引き受け、合計で25％の持株比率となり、東京三菱銀行を上回る筆頭株主となることを発表。金融再編において、誰もが東京三菱銀行との結びつきを想像していた日興証券は、米シティバンクとの電撃的な合併を発表したばかりのトラベラーズグループをパートナーとして選んだ。

　さらに7月28日には、大和証券と住友銀行が両社の資本市場部門・法人業務部門を分離して大口取引の証券会社を共同出資で設立、その他合弁会社2社を設立することが発表された。株式の引受け、売買、M&A、デリバティブなどを総合的に手がける欧米型投資銀行に育て、高度な金融サービスを提供するのが狙いだった。

　法人取引を主体とする会社は「大和証券SBキャピタル・マーケッツ」。資本金3,000億円で、出資比率は大和証券が60％、住友銀行が40％。大和証券の法人部門、住友銀行の証券部門を移管し、本格的な投資銀行となる。

　大和証券はそれまで独自路線の姿勢を崩していなかったが、野村證券、日興証券が5月以降相次いで大型提携に乗り出し環境は一変した。「勝ち組」として生き残るためには、大手金融機関との提携による競争力強化は欠かせないとの判断に傾いた。

　銀行業界では、9月28日、東海銀行とあさひ銀行が、将来の金融持株会社設立を視野に入れて、営業、システム開発などさまざまな分野で戦略的に提携することを正式に決め発表した。両行は日本におけるスーパーリージョナルバンクを目指すとした（後に三和銀行が合流、あさひ銀行は離脱）。

　また、日本長期信用銀行の国有化方針が決定され、金融再生法に基づき10月23日に特別公的管理が申請された。日本で初めて銀行の国有化が行われた。日本長期信用銀行自身、ここにいたる過程のなかで外資との提携や子会社売却、住友信託銀行との合併構想など手を打ってきたが、結局は株式市場をはじめとする

マーケットの圧力に抗しきれなかった。

　そして、翌1999年8月、世界を震撼させる世紀のメガバンク誕生が日本から世界に対して発表されることとなる。日本興業銀行、第一勧業銀行、富士銀行の大手銀行3行による全面統合、世界最大の金融グループの誕生である。

Column

M&Aデータの始まり、MARR（マール）創刊

　ここで、レコフデータが提供しているM&Aデータの始まりについて解説しておきたい。

　先に触れた山一證券のM&Aチームが設立された頃、担当者たちが案件開発の手がかりとしたのは新聞であり、実行していたのは朝の新聞の読み合わせだった。読むのは、売り物になっている会社はないか、会社を売買している会社はないか、合併している会社はないかといったところだ。それまで読んだことのないような、鉄鋼、繊維、食品などのいわゆる業界紙も徹底的に読んだ。すると、おもしろいことに気づいた。本業と関係のない会社を保有しているところがたくさん出てきたのである。そんななかから訪問すべき会社などを選んでいた。このため、「M&Aビジネスのマーケティングにはデータベースが不可欠」との意識のもと新聞記事などを中心にM&A関連データを集めていた。

　その後、山一證券のM&Aチームに在籍していたメンバーが中心となって、1987年12月に日本初のM&A専業会社のレコフ（旧レコフ事務所）を創業することとなるが、創業後もM&Aに関わる情報収集には力を入れていた。

　レコフでは1985年から蓄積し続けたM&Aデータを社内勉強会などで活用してきたが、1995年1月にデータベース専門の担当部門としてマール室を置き、このデータをベースにした月刊誌「MARR（マール）」を刊行した。「MARR」は「Mergers and Acquisitions Research Report」の略である。創刊号は1994年の年報として編集、1996年春から外販も始めた。

　M&Aデータは、担当部署が毎日、公表データから克明に情報を拾い出しており、この集積と分析が他にないデータベースとしての価値を持っている。

　レコフのM&Aデータベースはその後も発展し、2002年の「マール」100号記念号では、これまでのデータベースを一挙掲載した700頁のデータブックを刊行した。

　さらに後になって2008年、マール事業はM&Aの情報・コンテンツ機能を担う組織としてレコフから分離独立、新会社、レコフデータになっている。

第 4 章

新しい枠組みの構築
1999年～2008年

年表（1999年～2008年）

年月		主な出来事/主なM&A案件
1999年	8月	商法改正（株式交換・株式移転制度の導入）国会で可決
		日本興業銀行、第一勧業銀行、富士銀行が全面統合を発表
	10月	証券取引の手数料の完全自由化
		株式交換・株式移転制度の導入
		住友銀行とさくら銀行が合併を発表
2000年	3月	東海銀行、あさひ銀行、三和銀行が持株会社設立で合意。6月にあさひ銀行離脱
	4月	民事再生法施行
	7月	大手百貨店のそごうが民事再生法の適用申請。負債総額1兆8,700億円
2001年	4月	会社分割制度の導入（商法改正）
	12月	米国のエネルギー企業エンロン倒産。米史上最大の倒産
2002年	1月	整理回収機構（RCC）が企業再生を本格化
	4月	ペイオフ解禁
		新株予約権などを盛り込んだ改正商法施行
2003年	4月	産業再生機構が発足
		日本郵政公社発足
	6月	政府が、預金保険機構を通じ、りそなホールディングス買収を決定
2004年	8月	三菱東京フィナンシャル・グループとUFJホールディングスが経営統合
2005年	1月	新破産法施行
	2月	ニッポン放送株を巡るライブドア事件起こる
	4月	ペイオフ全面解禁
	5月	政府、「買収防衛策指針」を発表
	6月	新会社法、国会で成立
2006年	4月	改正銀行法施行
	5月	新会社法施行
2007年	4月	JT、英ガラハーの全株式を取得
	5月	三角合併解禁（合併等対価の柔軟化）
	8月	パリバショック
	10月	郵政民営化（郵便貯金銀行、郵便保険会社、郵便事業会社、郵便局会社）
2008年	8月	世界の金融機関のサブプライム関連の損失額が5,000億ドル超に
	9月	米リーマン・ブラザーズ破綻。金融危機が世界的に拡大（リーマン・ショック）
	10月	米国発の金融危機は各国に連鎖。各国株価が大暴落

（注）網掛けは主なM&A案件

1 3行統合による「みずほグループ」誕生

1999年のM&A件数は1,207件となり、前年の859件を40％も上回った。公表取引金額も18兆8,027億円で前年の３兆6,474億円の５倍以上の金額となった。

この年、金融システム安定化のため、銀行大手15行に７兆5,000億円の公的資金が投入されることになった。数年前から金融機関に関わる再編統合の動きはあったが、ここにいたって銀行、証券、生損保など金融機関の大がかりなM&Aが急速に進む。

８月には、日本興業銀行、第一勧業銀行、富士銀行の大手３行が「みずほグループ」として全面統合することを発表、資産140兆円に上る世界最大の金融グループが誕生することになった。

2000年秋にも共同金融持株会社を設立し、2002年春をめどに事業を統合する計画。共同持株会社設立までに、３行のホールセールの証券子会社である、興銀証券、第一勧業証券、富士証券を合併させる。普通社債の引受実績では業界トップの野村證券を上回る規模となる。共同持株会社設立から５年の間に３行の人員を合計で6,000人削減して総計２万9,000人体制とし、店舗も150か所削減。2002年春までの事業の抜本的な再編では、個人業務を手がける「カスタマー・アンド・コンシューマー銀行」、法人取引を行う「コーポレート銀行」、高度な金融取引を駆使する「インベストメント・バンク」を設立、共同持株会社が統括する計画が示された。３行は共同持株会社を使った各事業の統合により、規模と効率性の両方を追求する体制を整え、金融ビッグバン後の激しい競争を勝ち抜きたい考えであった。３行は、業務純益１兆円を超える収益目標を達成していくとともに、年間1,500億円程度のシステム投資を実現することで、再編で巨大化を進める欧米金融機関に対抗する。

では、この「常識」を超えた巨大合従連衡はなぜ起こりえたのか。

日本長期信用銀行、日本債券信用銀行とかつてのライバル行が公的管理に置かれ、銀行による社債発行が解禁されるなかで、資金調達を金融債に頼り、リテール部門を持たない日本興業銀行には、確実に"焦り"があった。

一方、多額の不良債権に苦しむ第一勧業銀行や富士銀行も、1998年11月には両行の信託子会社が合併して、安田信託銀行から年金運用、資産管理、証券代行

の3業務部門を譲り受けることが公表されるなど、関係が生まれており、将来の合併は既定路線と見られていた。さらに、日本の再編を促すべく法整備も進み、1997年12月には改正独禁法の施行によって持株会社制度が解禁され、1999年8月には株式交換・移転制度を設ける商法等改正案が国会で可決、2000年にも会社分割制度の導入が見込まれていた。本来中立的な要因である「制度改正」を今後どのように使いこなしていくかは、当事者によるその運用の仕方にかかっており、この3行統合は最初でかつ壮大なケーススタディとなった。

　日本の産業界に目を転じてみても、このビッグディールは非常に大きな意味を持つ。経済の潤滑油たる金融が大きく統合され、かつ機能別に分離するということは、戦時体制のなかで生まれ維持されてきた間接金融・メインバンク制度の完全崩壊を意味し、同時に、かつての系列関係や非効率なグループ経営に鋭いメスが入る。大企業経済システムの制度疲労が言われて久しいなか、今度こそ産業ビッグバン本番の到来であり、各事業会社もまた一段と踏み込んだ変革が求められるようになる。

　なお、この年の主だった金融関連のM&Aをあげると以下のとおりとなる。

1月	太陽生命と大同生命が全面提携
	三井信託銀行と中央信託銀行が合併に向け具体的協議に入ると発表
	三和銀行と東洋信託銀行が業務提携へ
3月	新日本証券と和光証券が合併を発表
5月	ユニバーサル証券、太平洋証券、東和証券が合併を発表
	大阪銀行と近畿銀行が合併検討を発表
6月	日本生命と同和火災海上が資本業務提携
8月	日本興業銀行、第一勧業銀行、富士銀行が全面統合を発表
10月	東海銀行とあさひ銀行が経営統合で合意
	東京三菱銀行と国際証券、資本業務提携を発表
	住友銀行とさくら銀行、合併を発表
	三井海上火災、日本火災海上、興亜火災海上が経営統合を発表

　山一證券の破綻によりドミノ倒しのように開始された金融大編成も、歴史を振り返ってみれば、まだほんのプレリュードに過ぎず、いまとなっては"生き残り"のための緊急避難的対応に過ぎなかった。

　そしてその最後を飾った大手銀行3行による事業の全面統合も、そこから始ま

る"勝ち残り"をかけたさらなる金融大再編の新たな第二幕のスタートであり、産業界をも巻き込みながら、日本再生へ向けたM&Aをより一層加速させていくことになった。

2 都市銀行の再編　13行から4グループへ集約

(1) 1999年10月

　1996年11月の橋本総理のビッグバン開始宣言から、1997年11月の山一證券破綻を契機に1999年3月の7兆円を超える公的資金注入まで、"世紀末"とも呼べるほど激しい激動の2年半だった。

　これまでの多額の公的資金注入によって、日本の金融システムはようやく沈静化に向かった。しかし、公的資金注入の代償として銀行に課せられた「経営健全化計画」の実行を各銀行は迫られた。証券会社は、1999年10月1日から手数料の完全自由化が行われ、大幅な手数料ディスカウントを掲げるネット取引証券会社も相次いで証券ビジネスに参入した。

　このようななか、"勝ち残り"をかけたさらなる金融大再編の新たな第二幕は、1999年10月に、まず旧財閥グループの威信をかけた動きから始まった。各ライバル行に比して中核となるリテール証券を持たないトップバンクの東京三菱銀行は、野村證券グループの国際証券の株式取得を決断した。野村も自らの生き残りのためには、手放す意向をかねてより表明しており、1999年10月7日の大安吉日には、東京三菱銀行と国際証券の資本業務提携が発表された。

　同日、東海銀行とあさひ銀行の統合スケジュールも正式に公表された。当初想定されていた2001年以降の持株会社構想は、みずほグループの「統合3行」と同時の2000年10月に前倒しされ、さらに事業分割にともなう完全統合は、「統合3行」より半年早い2001年10月を目標に、地域軸子会社3社（首都圏銀行、中部圏銀行、関西圏銀行）と機能軸子会社1社（国際資金証券銀行）に再編される。

　とどまることを知らない再編の嵐は、3行統合、東海・あさひ連合の発表に促される形で、江戸時代から続く旧2大財閥をも融合させた。1週間後の10月14日、住友銀行とさくら銀行の全面提携が新聞紙上でスクープされ、両行はその日に臨時取締役会を急きょ開催、2002年4月までに合併することを決定する。住

友グループと三井グループを顧客基盤に加え、関西圏と関東圏にしっかりとしたリテール地盤を築く、「統合３行」に次ぐ規模の総資産100兆円のメガバンクが誕生する。両行が「統合３行」と対抗するには、旧財閥を超えて合併することが唯一、かつ背水の選択肢だった。

(2) 2000年

再編劇は2000年も続き、新たなメガバンクも誕生する。

３月14日、東海銀行、あさひ銀行、三和銀行の都市銀行は、翌年４月をめどに共同で金融持株会社を設立し事業統合することで合意。東海・あさひの地域銀行連合構想に、三和が合流する形となった。しかし、この後、６月15日、持株会社での統合を主張するあさひ銀行は、合併方式を主張する三和銀行、東海銀行と対立して離脱した。

４月19日、東京三菱銀行、三菱信託銀行、日本信託銀行の上場３行は、2001年４月に共同持株会社を設立し３行がその傘下に入ると発表。都市銀行と信託銀行の幅広い機能を持ち、総資産で80兆円の巨大金融グループが誕生する。

７月５日、三和銀行と東海銀行が2001年４月に設立する共同持株会社に東洋信託銀行が加わる３銀行の統合が発表された。東海銀行と三和銀行が合併し、東洋信託銀行の銀行部門も統合する新会社の行名は「UFJ銀行」となった。

この５年後の2005年２月18日に、三菱東京フィナンシャル・グループとUFJホールディングスが、統合計画を発表し同年10月１日に合併。傘下の普通銀行、信託銀行、証券会社もそれぞれ10月１日で合併した。

これにより、平成が始まる1989年時点では13行あった都市銀行は、みずほフィナンシャルグループ、三菱UFJフィナンシャル・グループ、SMBCグループの３メガバンクグループに、大和銀行とあさひ銀行が持株会社方式で経営を統合した、りそなグループを加えた４グループに集約された。

図表8：都市銀行13行の再編

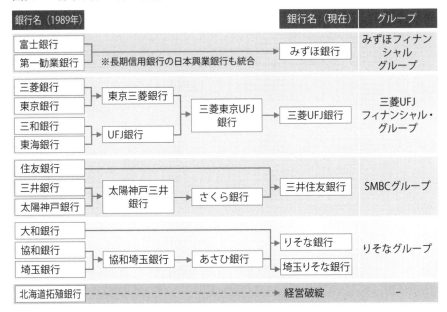

(3) 証券会社の再編

　銀行再編にともなって、銀行系証券や大手・準大手証券の再編も進んだ。

　証券トップの野村證券は一貫して独立系を維持したものの、大和証券は住友銀行と法人取引を主体とする合弁会社「大和証券SBキャピタル・マーケッツ」を1999年に設立、その後合弁を解消し、現在は独立系となっている。

　日興証券は、いったん米シティグループの傘下となるが、2009年10月に三井住友銀行の完全子会社となり、2011年4月に「日興コーディアル証券」から「SMBC日興証券」へと改称している。

　また、みずほフィナンシャルグループは、銀行系や準大手の証券会社を束ね、みずほ証券に集約した。

　三菱UFJフィナンシャル・グループは、野村系であった国際証券を取り込み、さらには2008年のリーマン・ショックで信用不安に陥った米モルガン・スタンレーの優先株を引き受けて資本業務提携した。2010年には、日本で三菱UFJモルガン・スタンレー証券およびモルガン・スタンレーMUFG証券を設立している。

図表9：証券会社の再編

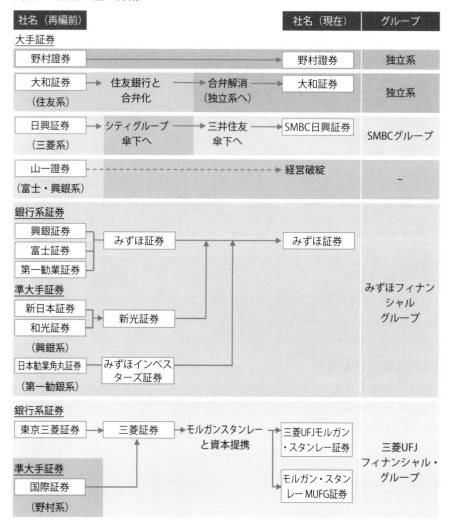

3 損保業界の再編と生保業界での外資によるM&A

(1) 損保業界の再編

損害保険業界は、1996年4月の保険業法の改正（保険自由化）により、①生損保の相互参入、②保険料率の算定会制度の見直し、③商品・料率の届出制の導入が行われ、1998年12月には日米保険協議の合意によって、算定会が定めた料率の使用義務が廃止された。損保各社の収支を支えてきた算定会料率制度の廃止は、将来の保険料収入の激減につながる。このため、損保各社は経営の効率化に向け、合併による規模拡大を進めることとなる。

2001年4月には、中堅の日本火災海上保険と興亜火災海上保険が合併し、日本興亜損害保険が誕生。また、中堅の大東京火災海上保険とトヨタ自動車系の千代田火災海上保険も合併し、あいおい損害保険となった。さらに、同年10月には、業界3位の三井海上火災保険と同4位の住友海上火災保険が合併し、三井住友海上火災保険が誕生している。

翌2002年4月には東京海上火災保険が、日動火災海上保険と共同持株会社ミレアホールディングスを設立して経営統合。同年7月には、安田火災海上保険と日産火災海上保険が合併し、損害保険ジャパンが誕生した。

この保険自由化を契機とした2001年～2002年の再編は「第一次再編」と位置づけられる。この後、2000年代半ば以降の第二次再編により、現在の3メガ損保グループを中心とした形に集約化される。

第二次再編では、2006年9月に最大手の東京海上日動火災保険を傘下に持つミレアホールディングスが、9位の日新火災海上保険を株式交換により買収し、完全子会社化した。その後、2008年7月に商号を現在の「東京海上ホールディングス」に変更している。

2010年4月には、業界2位の三井住友海上グループホールディングスが、同4位のあいおい損害保険、同6位のニッセイ同和損害保険を株式交換により子会社化し、「MS&ADインシュアランスグループホールディングス」が発足した。

業界3位の損害保険ジャパンも、同5位の日本興亜損害保険と株式移転により2010年4月に共同持株会社を設立し、経営統合した。その後、2016年10月に現在の「SOMPOホールディングス」に商号を変更している。このように第一次、

第二次の再編を経て、一般企業の売上に相当する正味収入保険料の約9割が3メガ損保に集中する現在の体制へと集約された。

(2) 外資による中堅生保のM&A

1990年代の生命保険会社は、予定利率に対し、実際の運用利回りが下回る「逆ザヤ」にあえいでいた。1990年には7％前後であった10年国債利回りが1990年代の終わりには1％台に低下し、日経平均株価も1989年末の3万9,000円近い水準から2年後の1992年には2万円を割り込むなど、運用環境は激変した。生保の経営は圧迫され、1997年4月の日産生命の破綻をはじめ、2001年3月までのわずか4年間に中堅生保7社が相次いで経営破綻した。これら中堅生保の多くは、外資企業がM&Aによって手に入れる。なかでも米保険最大手のプルデンシャルが最終的に勢力を伸ばすこととなる。

1999年9月には、仏大手流通グループ「プランタン」の統括持株会社のアルテミスが、旧日産生命保険の契約を引き継いだあおば生命保険を250億円で買収すると発表。その後、あおば生命はプルデンシャル生命へ200億円で譲渡され、2005年2月1日付で両社は合併している。

1999年6月に経営破綻した東邦生命については、前年の1998年2月に米GEキャピタルが東邦生命と合弁会社を含む資本提携を公表している。GE側は、新会社の株式50％超を取得し、同生保を事実上傘下に収めている。その後、2003年8月に米大手保険アメリカン・インターナショナル・グループ（AIG）が買収し、AIGエジソン生命となった。

2000年10月には千代田生命と協栄生命が破綻した。千代田生命については、更生特例法に基づき、相互会社から株式会社に組織変更し、発行する全株式を米AIGに割り当てる形で、AIGが傘下に収めた。

また、協栄生命については、米プルデンシャルが、新資本金500億円と協栄の営業権（のれん代）3,640億円からなる更生計画案を決定。2001年にジブラルタ生命として営業を開始している。

なお、東邦生命を前身とするAIGエジソン生命と千代田生命を前身とするAIGスター生命は、2011年2月にプルデンシャルが、当時経営再建中だった米AIGから買収し、2社を子会社としている。さらに、この2社とジブラルタ生命が2012年1月に合併し、新生「ジブラルタ生命」となった。同社は、現在、プル

デンシャル生命と並ぶプルデンシャルグループの日本事業の中核の1社となっている。前述のあおば生命とプルデンシャル生命との合併と合わせ、中堅生保のM&Aによって米プルデンシャルは日本でのプレゼンスを高めることに成功した。

4 持株会社の解禁など、M&A関連の法整備が急速に進む

(1) M&A関連の法整備

ここでM&Aに関連する一連の法制度改正を整理しておきたい。

2000年を前後する3、4年の間で、国によるM&A関連の多くの規制緩和や法制度改革が進んだ。どれも日本のM&A市場の新たな展開に影響するものであり、主だったものをあげると以下のようになる。

1997年	独禁法を改正、合併手続き簡素化、純粋持株会社解禁
98年	企業合併審査基準を緩和、金融再生法・金融早期健全化法施行
99年	株式交換・移転制度導入、産業活力再生特別措置法施行 連結財務諸表の重視、キャッシュフロー計算書の開示、税効果会計の導入
2000年	民事再生法施行、退職給付会計導入、金融商品の時価会計導入
01年	会社分割制度導入、組織再編税制の整備、金庫株解禁、私的整理ガイドライン、銀行等株式保有制限法成立
02年	種類株式の多様化、新株予約権制度導入、連結納税制度導入
03年	委員会等設置会社制度導入、産業再生機構設立、産業活力再生特別措置法改正

1997年の独禁法改正による純粋持株会社の解禁は、戦後の法的枠組みを変える大きな法改正であったが、独禁法改正だけでは純粋持株会社を普及させることはできない。1999年の株式交換・移転制度の導入、2001年の会社分割制度の導入によって、わが国企業は持株会社を積極的に活用することが可能となった。

持株会社の活用メリットは、グループ構造改革のしやすさ、経営と執行の分離などがあげられ、デメリットとしてはグループ求心力が発揮しづらいなどの点がある。M&A実務の視点から見れば、持株会社活用の大きなメリットは、たとえば発表から半年程度でのスピード統合を実現させることにある。

合併により経営統合を行おうとすれば、両社間の企業文化や歴史の違いもさる

ことながら、合併期日に法人格が一体化されるという法的制約などから、情報システム、組織、人事、ブランド、販売ルートなど、現実の法人組織を合体するために必要とされる重要課題の解決について、これらを同時にスタートしなければならない。あるいは、合併作業の事前準備に時間をかけるということで合併期日そのものを遅らせるケースもある。

持株会社スキームを選択するのは、この合併というスキームが持つ特有のマイナス面を回避するため、いったん共同持株会社として経営統合を素早く行い、それぞれの法人組織をそのまま存続しながら、順次一体化を進め、最終的に合併を行って統合メリットを享受する、という手順を踏むことができるからである。

また、株式交換・移転制度の導入は、株券を「通貨」として使用するスキームを可能にした。このツールによって、企業は多額の現金を用意することなく企業買収あるいは経営統合もしくは企業グループの再編を行うことができるようになった。

（2）持株会社制の導入件数の動向

レコフデータでは、「M&Aデータ」、「グループ内M&Aデータ」で、2社以上が共同持株会社を設立し経営統合する案件を分類している。これを2社以上の企業が共同持株会社を設立し経営統合する「経営統合型」と、企業が単独で持株会社を設立する「組織再編型」に再分類し、分析している。

1997年の独禁法改正で純粋持株会社が解禁され、1999年10月に株式交換・移転制度が施行されて以来、2024年末までの導入件数は累計1,517件に上る。内訳は「経営統合型」が299件、「組織再編型」が1,218件で、M&Aと比較して容易に導入できる「組織再編型」が8割と圧倒的に多い。

「組織再編型」の第1号は、大和証券（現大和証券グループ本社）といわれる。1999年4月に国内初の純粋持株会社体制へ移行した。「経営統合型」の第1号は、1999年8月に発表された第一勧業銀行、富士銀行、日本興業銀行3行の共同持株会社（現みずほフィナンシャルグループ）による経営統合で、2000年9月に実現した。

図表10：持株会社制の導入件数の推移

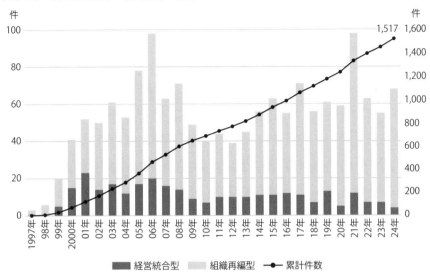

5 「官」による産業再生M&Aが活発化

　2003年のM&A件数は前年から微減だったが、高水準を保った。

　この時期、目立ったのはM&Aにおける「官」の存在感である。産業再生機構、預金保険機構、整理回収機構、日本政策投資銀行などがM&Aの当事者として登場し、活発に企業支援、再生に動いた。

　2003年、「株式会社産業再生機構法」に基づいて産業再生機構が設立された。早期の産業再生と信用維持を目的とし、2007年まで活動した。当初、債権買取りが主で、出資は補助的な位置づけと考えていたが、短期間で事業再生を図るため、自らが出資するM&Aの手法を積極的に活用する方向を選んだ。

　産業再生機構は、業務終了までに41件の支援を手がけた。主な再生事業は以下のようになる。

支援先企業	事業・株式の譲渡先等
九州産業交通グループ	交通事業はHISグループ、運輸事業はオリックスグループへ
ミサワホームHD	グループ30社を支援。主にトヨタホーム傘下へ
うすい百貨店（郡山）、津松菱（津）	うすい百貨店は三越伊勢丹グループへ。津松菱は大丸松坂屋グループが支援
三井鉱山	債務超過に陥り、産業再生機構下で2006年まで国有化
カネボウ	化粧品事業の分離を含めた事業整理
ダイエー	事業整理の後、丸紅、イオンが支援
大京	マンション分譲関連以外の事業整理後、オリックス傘下へ

　短期間で事業再生を成し遂げるための最も有効な手段として、M&Aが威力を発揮すると同時にM&Aの有効性を世に広く認知させた。また、税金を投入した事業が黒字決算で終わったことも当時の日本としては画期的であった。
　預金保険機構は1990年代後半から、金融機関に対してさまざまな形で資金援助、資本増強を支援してきた。2003年には経営が行き詰まったりそな銀行と地方銀行の足利銀行を買収、一時国有化した。りそな銀行の買収金額は約2兆円で、日本のM&Aで当時史上最大の金額となった。
　整理回収機構は金融機関の事業再生を支援してきたが、2002年度から2004年度にかけては、多くの信用組合などから資産を譲り受けた。

6 敵対的M&A登場

（1）初の敵対的TOB

　2000年頃から市場では、従来にない「非友好的」「敵対的」な株式取得や企業買収が増え始めた。
　株式買占めとしては、この約10年前、米国の企業買収家、ブーン・ピケンズ氏による小糸製作所株の買占めや不動産会社の秀和による忠実屋株などの買占めがあった。しかし2000年には、日本の上場企業に対しTOB（株式公開買付け）をかけるという、公開での敵対的M&Aとして初めてのケースが起こった。
　2000年1月17日、独製薬大手のベーリンガーインゲルハイムは、日本ベーリンガーインゲルハイムを通じて、エスエス製薬への出資比率をTOBにより19.6％から35.5％以上に高めると公表した。エスエス製薬との関係を強化するとともに、ほかの大手製薬会社による買収を防ぐ狙いもあった。エスエス製薬側は「対

抗措置はとらず、成り行きを見守りたい」とし、意見の表明は行わないことを取締役会で決議した。このTOBの結果、出資比率は35.86％となった。エスエス製薬の取締役会はTOBに賛同していないことから敵対的と位置づけられるが、一方で反対もしていないため、明確に敵対的と言い切れない面もある事案であった。

次いで同年1月24日、元通産省の官僚の村上世彰氏が代表を務める企業買収専門会社のエム・エイ・シーが、東証2部上場の昭栄（現ヒューリック）への出資比率をTOBにより高めると発表した。昭栄の取締役会はTOBに反対意見を表明した。これが日本企業同士の初の敵対的TOBとなる。

TOBの結果、出資比率はTOB前からの保有分と合わせて6.52％の株式を取得した。筆頭株主のキヤノンなど昭栄の大株主は買付けに応じず、当初の目標に到達できなかった。昭栄自体は、芙蓉グループ（旧富士銀行系）企業の株式保有比率が高く、もともとTOBが成功する可能性は低かった。実際にTOBは買付価格の引上げもないまま失敗に終わったが、これも村上氏の作戦のうちで、読み筋だったようだ。その後、村上氏は株主の視点からの企業経営改善の旗手として、一躍有名になっていった。

（2）敵対的M&Aの動向

レコフデータでは、買収側が、被買収側の経営陣の賛同を得ずに経営権の支配を目的として株式の買付けなどを行う案件を「敵対的M&A」として集計している。TOBの場合、公告時点で被買収側の経営陣が賛同を表明せず保留にしたケースを含める。このため、前述の日本ベーリンガーインゲルハイムを通じたエスエス製薬へのTOBは敵対的M&Aとして集計している。

1985年の集計開始以来2024年までの40年で79件あった。79件の内訳は、日本企業または外国企業が日本企業に対して仕かける国内案件（IN-IN、OUT-IN）が73件、日本企業が外国企業に対して仕かける海外案件（IN-OUT）が6件。

2002年までは断続的だったが、M&A手法が成長戦略の有効手段として認知され、M&Aの対象企業が非上場企業から上場企業本体へと移っていくなかで、2003年からほぼ毎年登場するようになった。買収側は投資ファンドから上場企業へと広がり、大手上場企業同士の案件も出て、2005年6件、2006年7件、2007年5件と本格化していった。2006年の王子製紙による北越製紙への敵対的TOBは失敗に終わったが、2007年の商工ローン大手、SFCGグループのケン・エ

ンタープライズによるソリッドグループホールディングス（旧ライブドアオート）への敵対的TOBは、株式売却権を持つリーマン・ブラザーズ証券が48.48％分を応募し、上場企業による国内初の成功例となった。

　その後、2007年の米スティール・パートナーズによるブルドックソースへの敵対的TOBで、最高裁が地裁、高裁の判断を支持し、ブルドックの買収防衛策を認めた（詳しくは次項参照）。この事件以降、しばらくは年０～２件と停滞が続いた。

　しかし、「スチュワードシップ・コード」や「コーポレートガバナンス・コード」によるコーポレート・ガバナンス改革に促される形で、近年再び活発化している。2023年８月には経済産業省が「企業買収における行動指針」を策定し、敵対的買収を「同意なき買収」と改め、買収提案への真摯な検討が求められる時代となった。

図表11：敵対的（同意なき）M&Aの国内案件数

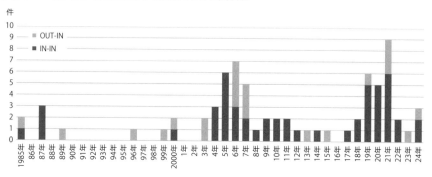

7 政府、買収防衛策指針を発表（企業価値研究会）

（1）買収防衛策指針の公表と濫用的買収者の認定

　2005年5月、経済産業省と法務省は「企業価値・株主共同の利益の確保又は向上のための買収防衛策に関する指針」を発表した。これは過去の判例、学説や、経産省が設けた企業価値研究会の報告書を踏まえて策定したものである。

　政府が指針を明らかにしたのは、増加し始めた「非友好的」「敵対的」な株式取得に対して、買収防衛策に関する法的整備がなされていないことに企業の危機感が高まっていたからである。

　政府の指針では、買収防衛策として以下の3つの原則をうたっている。

1　企業価値・株主共同の利益確保・向上の原則
2　事前開示・株主意思の原則
3　必要性・相当性の確保の原則（買収防衛策は過剰なものとしない）

　指針に法的根拠はないが、企業社会の行動規範となることが期待されており、これによって、日本企業が買収防衛策を導入できる法整備、環境が整ったことになる。MBO（経営陣による株式買取り）などの手法も含めて、敵対的買収への対策を講じる企業が増えた。

　さまざまな敵対的、非友好的なM&Aが登場するなかで、2007年、東京高裁がTOBを仕掛けた買収側を「濫用的買収者」と認定した。被買収側の買収防衛策を認め、さらに最高裁もこれを支持するという初めての法的判断が出た。

　これは2007年5月、米国投資ファンドの日本法人、スティール・パートナーズ・ジャパン・ストラテジック・ファンドが、ソースメーカーのブルドックソースにTOBを仕掛けたことから始まった。

　ブルドック側は、スティールがブルドックの支配権を取得した後の経営計画を有しておらず、自ら経営する意思もないとしてこのTOBに反対。買収防衛策として、スティールの持株比率を下げるために新株予約権の無償割当てを実施しようとした。一方、スティール側は東京高裁にこの買収防衛策の差止めを求める仮処分を申請した。

　東京高裁は7月、「短中期的に対象会社の株式を転売し、ひたすら自らの利益

のみを追求しようとしている」として、スティールの仮処分申請を退け、スティールを初めて「敵対的買収者」として認定した。これを不服として、スティールは最高裁に上告したが、8月、最高裁は東京高裁の決定を支持、スティールのTOBは失敗に終わった。最高裁による買収防衛策に対する初の判断となった。

（2）買収防衛策導入企業数の動向

　買収防衛策の導入・中止状況をみると、2024年末時点で、買収防衛策を導入している企業は248社となっている。導入社数のピークは2008年末時点の569社。その後中止する企業の増加とともに、導入社数は減少し、2014年末時点で500社を割り込んだ。その後も毎年減り続け、2018年に400社を割り込み、2020年に300社を割り込んでいる。ちなみに、中止社数は2004年の集計開始以来、累計で481社を数える。

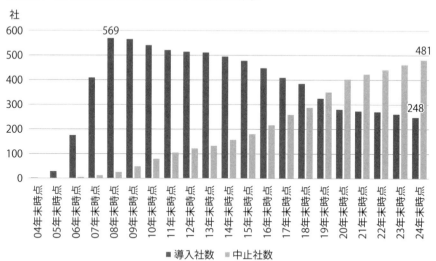

図表12：買収防衛策の導入社数と中止社数の推移

8 経営陣が事業買収、MBOも活発化

(1) MBOの目的

　2000年代に入って、企業の経営陣が参加して企業買収を行うMBO（マネジメント・バイアウト）も登場してきた。MBOの目的やケースはいくつかある。

　典型例は、企業が自社の事業再編のため一部事業などの分離、売却などを図った時、経営陣や従業員がこの事業を譲り受けて独立する場合である。

　企業のオーナーや経営者・経営陣が、株式上場のメリットが乏しい、もしくは上場により長期的な事業経営がしにくい、と判断して自社株を取得、非上場化する場合もある。この場合、同時に敵対的買収のリスクに備える、という目的を含んでいる場合も少なくない。

　買収にあたっては、経営陣が買収企業のキャッシュフローや資産を担保に、投資ファンドや金融機関からの借入れで株式買付けを実施することが多い。

(2) MBOの動向

　MBOは2001年に初めて登場し、2024年末までの約24年間の累計は229件、金額合計は5兆3,905億円となっている。

　229件中、投資ファンドと組んだ非上場化は95件、3兆1,837億円。投資ファンドが株主として関与しない非上場化は134件、2兆2,068億円。投資ファンドと組んだ案件が件数で41.5％、金額で59.1％を占める。当初は投資ファンドと組んだ非上場化が主流であったが、2008年のリーマン・ショックを契機に一時減少した。近年は投資ファンドが株主として関与しない案件数の割合が半数強を占める傾向にある。

　2005年のアパレル大手のワールドの非上場化をきっかけに、自ら非上場化を選ぶ企業が増加し、2006年10件、2007年14件、2008年17件と増加した。上場維持コストを削減し、株式市場からの短期的な評価にとらわれず、長期的な視点から事業の抜本的改革を図る目的で、投資ファンドや銀行などのフィナンシャル・スポンサーと組んで非上場化する流れが定着し、2011年は21件まで拡大した。日本医療事務センター（現ソラスト）は、米カーライル・グループと共同でMBOを実施した。

2012年は9件と急減し、その後毎年1桁台で推移した。2018年は3件まで落ち込んだ。MBOによる非上場化は利益相反構造にあるものの、上場の継続が適さなくなった場合に各企業に適した資本構成に再構築する意義もある。経済産業省は2019年6月、2007年に策定した「企業価値の向上及び公正な手続確保のための経営者による企業買収（MBO）に関する指針」（MBO指針）を全面的に見直した「公正なM&Aの在り方に関する指針」（公正なM&A指針）を策定した。これに促されてか、2020年11件、2021年は19件まで回復した。2022年は12件と減少したものの、2023年は17件と増加に転じている。大正製薬ホールディングス、ベネッセホールディングスなど、案件規模が大型化し、2023年の金額合計は1兆4,164億円と初めて1兆円を超えた。2024年も18件、金額合計5,817億円と高水準であった。

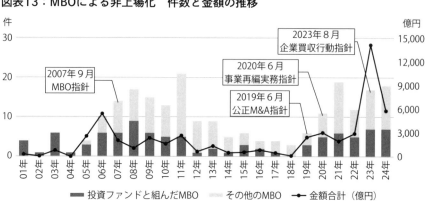

図表13：MBOによる非上場化　件数と金額の推移

9　2004年、M&A2,000件超

（1）M&A活況、2006年には件数で第2波のピークへ

　2004年のM&A件数は2,218件を記録した。前年比439件増で増加率は24.7％となった。日本のM&Aは1999年に1,000件の大台に乗り、2004年に2,000件の大台替わりとなった。5年でほぼ倍増という速いペースで拡大した。日本経済が回復基調にあり、M&Aもリストラ的M&Aから戦略的M&Aに流れが変わってきた。

その後、2006年には2,775件を記録した。バブル期の1990年がM&A件数の第1波のピークとすれば、2006年は第2波のピークとなる。

　この後、リーマン・ショックなどの影響もあり、M&A件数はいったん落ち込んだ後やがて回復することとなるが、件数でみると2016年まで10年間にわたり2006年の水準を超えることはなかった。

　なお、2005年に成立した新会社法では、三角合併が認められ（2007年施行）、外資企業が日本の子会社を通じて日本企業を買収することが可能になった。

　また、2006年7月に王子製紙が北越製紙に対し敵対的TOBを行った。通常、これまでは水面下で行われた株式買占めを、大手老舗企業が同業者を相手に、市場で堂々とオープンに行ったケースだった。結果は失敗に終わったが、M&Aの世界にも企業社会にも衝撃を与えた。

　さらに、M&Aの買収資金確保のため、対象企業の資産やキャッシュフローを担保にして借入れを行うLBO（レバレッジド・バイアウト）の手法も広がり、いくつかのMBOでも活用された。

（2）業種別M&Aの動向

　この時期、M&Aを行う業種の主役交代もあった。製造業が長年1位を維持してきたが、2004年に非製造業が逆転した。

　レコフデータでは、企業の業種を製造業、商業、金融、非製造業の4つに大分類している。買手の業種別の動向をみると、日本のM&Aをけん引してきた製造業は、1995年まで一貫して50％台のシェアを維持してきたが、その後、低下傾向をたどり、2004年に27.3％と30％を割り込んだ。

　逆に、非製造業は、1999年まで10％台にとどまっていたが、ITバブルなどを背景に2000年に25.1％と急増し、2004年は34.9％と初めて30％台に乗せた。この年を分岐点に非製造業と製造業が逆転。その後も非製造業がトップを維持し、経済のサービス化、ソフト化の進行とともにM&Aの目的も製造設備など有形資産から目に見えない無形資産の取得に移っていった。

　2012年には製造業が一時的にトップに返り咲いたが、2013年以降は非製造業がトップの地位を堅持し30％台後半で推移するなか、製造業は20％程度に低下。その差は20ポイント近くまで開いている。

　一方、金融は、投資ファンドによるM&Aの増加を背景に、1998年から10％台

で推移しており、2007年には19.8％まで上昇した。その後、リーマン・ショックの影響を受けて一時10％台前半まで急減したが、近年は事業会社が自ら設立した投資会社や投資ファンド、いわゆるCVC（コーポレート・ベンチャー・キャピタル）によるベンチャー投資の活発化などを背景に上昇し、このところ30％前後で推移している。

　商業は、スーパーなど流通再編の動きを受けて1997年に30％弱まで上昇したが、その後は非製造業や金融の勢いに押され徐々にシェアを落としている。2013年に20％を下回ったあと、2020年代に入ってからは10％台前半で推移している。

図表14：業種別シェア推移表（買い手）

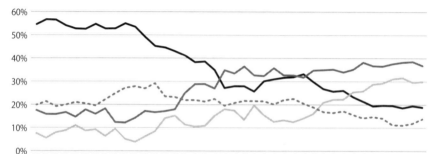

10　リーマン・ショック、M&Aも"冬の時代"へ

　2002年頃から米国の住宅市場にブームが起きていた。これは米国の低金利と日本や中東などからの巨大資金が米国に流入し低所得者層にも緩い融資条件を作り出していたことによる。住宅バブルは住宅所有者による低利融資への借り換えや住宅価格の上昇に基づく二重抵当による消費支出につながった。トヨタを中心とした日本の自動車の販売も好調となり、米国の住宅バブルによる消費支出増大は日本の景気回復の要因の1つともなっていた。

米国の住宅価格は2006年半ばにピークを迎えたあと下落をし始めた。多数のサブプライム層（優良客（プライム層）よりも下位の層）が変動金利型住宅ローンを借りるようになっていたが、その借り換えが難しくなると債務者は債務不履行に陥り始めた。そうするとこれがさらに住宅価格を押し下げる圧力となり悪循環が始まることとなる。

　2007年から住宅市場は大幅に悪化、連邦住宅抵当公庫のファニー・メイやフレディ・マックは危機的状態となっていた。政府支援機関による買取単価上限額の引上げや、投資上限額の撤廃などさまざまな手が尽くされていたが、サブプライム住宅ローンなどの延滞率はさらに上昇、歯止めが利かなくなっていた。2008年9月には政府による約3兆ドルをつぎ込む救済策が決定された。

　こうしたなかでサブプライムローン関連証券を大量に購入していた大手証券のリーマン・ブラザーズは多大な損失を抱え、倒産の危機に直面していた。そして2008年9月15日、リーマン・ブラザーズは米連邦破産法11条の適用を申請する。米国経済に対する不安は一気に全世界に広がり、世界的な金融危機へと連鎖を始めた。「リーマン・ショック」である。

　日経平均株価も大暴落を起こした。リーマン・ブラザーズが破綻した9月15日の翌日16日には1万1,609円をつけていたが、その後わずか1カ月後の10月28日には最安値6,994円をつけ、1982年10月以来、26年ぶりの安値を記録した。この間の下落率は39.7％と大幅なものであり、その後も株式市場は軟調な展開が続いた。

　当初、日本への直接的な影響は軽微であったが、世界的な経済の冷え込みから消費が落ち込み、金融不安から急速なドル安が進んだことで、日本経済の大幅な景気後退にもつながっていった。結果的に日本企業の業績は大幅に悪化し、先行きの不透明感によりM&A件数は大幅に減少していった。2007年2,696件、2008年2,399件、2009年1,957件、2010年1,707件、2011年には1,687件と毎年減少を続け、M&A業界は真に苦難の時代を迎えることになった。M&Aのプロフェッショナルにとっては、リストラの嵐が吹き荒れる冬の時代が到来してしまった。

Column
ニッポン放送買収劇

(1) ニッポン放送買収劇の経緯

　元通産省の官僚の村上世彰氏が代表を務める投資会社、エム・エイ・シー、通称「村上ファンド」は、ニッポン放送への出資比率を徐々に高め、2004年4月29日時点で18.31％に達していた。

　当時のニッポン放送はフジテレビの株式を32.3％保有する筆頭株主だった。しかし、フジテレビなどからの利益が本業のもうけを上回るうえ、株式時価総額でも水をあけられる「親子逆転」の状態となっていた。これに対し、村上氏は、持株会社化すれば、フジテレビ株の含み益がニッポン放送の株価に反映されるとして、ニッポン放送に対し、フジテレビなどを含めたフジサンケイグループの持株会社化などを提案していた。

　一方、ニッポン放送の防衛に動くフジテレビは、みずほコーポレート銀行などからニッポン放送株式を取得するなど、株式取得を進めた。さらに、2005年1月17日にはニッポン放送をTOBにより子会社化すると発表した。買付価格は1株5,950円、約21％のプレミアムを付ける。出資比率を12.39％から50％以上に買い増すとした。

　このTOBによりニッポン放送とフジテレビの資本のねじれが解消されると思われた矢先、堀江貴文氏が社長を務めるインターネット関連会社のライブドアが買収劇に割って入ってきた。ニッポン放送株式の買い増しを進め、2月8日には子会社を通じ、立会外取引で29.6％の株式を追加取得して、合計35％の株式を保有する筆頭株主として現れた。なお、堀江氏は2004年に経営難でオリックス・ブルーウェーブ（現オリックス・バファローズ）との合併が決定されたプロ野球球団、大阪近鉄バファローズの買収に名乗りを上げるなど、この当時、一躍時の人となっていた。

ニッポン放送は、対抗策として2月23日にフジテレビを引受先とする新株予約権の発行を決定する。新株予約権の行使でフジテレビは60％の議決権を上積みでき、ニッポン放送の子会社化を確実にする。一方、ライブドアの出資比率は約17％に低下することとなる。これに対しライブドアは、翌24日、新株予約権発行差止めの仮処分を東京地裁に申請した。

　3月8日には、前日の7日まで買付けを実施したフジテレビによるニッポン放送へのTOBの最終的な結果が判明した。285株主から約789万株（24.07％）を買い付け、保有比率は36.47％と3分の1を超えた。ただ、過半数にはいたらなかったため、攻防戦の行方は、ニッポン放送の新株予約権発行の可否にかかってくる。

　3月11日、東京地裁は、「新株予約権の発行はフジサンケイグループ経営陣の支配権維持が主目的で、不公正発行に当たる」などとしてニッポン放送の新株予約権発行を差し止める決定をした。その後、東京高裁への抗告も退けられ、ニッポン放送は新株予約権発行を中止した。これで、フジテレビはニッポン放送の子会社化を断念せざるを得なくなった。

　厳しい状況に追い込まれるなか、フジテレビにとって事実上、ホワイトナイトとなるソフトバンク・インベストメント（SBI：現SBIインベストメント）が、フジテレビに3月24日付で資本参加した。さらにSBIはニッポン放送との間で「株券消費貸借契約」を締結した。これにより、ニッポン放送の保有するフジテレビ株35万3,704株は期間5年でSBIへ貸し出され、SBIは議決権比率14.67％を取得するフジテレビの筆頭株主となった。2月に大和証券SMBCに22万株（議決権比率9.13％）を貸し出しており、これでニッポン放送は実質的にフジテレビの株主でなくなった。

　翌日3月25日に、ライブドアは、ニッポン放送株の保有比率が前年の2004年9月末時点の議決権株数の50.21％になったと発表

したが、買収したニッポン放送はすでにフジテレビの株主ではなくなっていた。

4月18日にライブドアとフジテレビは、以下3つを条件に和解を宣言する。これにより、2月8日に開始したライブドアのニッポン放送への敵対的買収は、一件落着となった。

> ① ライブドアは、ニッポン放送株式32.4%を保有するライブドア傘下のライブドア・パートナーズを、貸付金債権も含め670億円でフジテレビへ売却する。
> ② フジテレビは、ライブドアが実施する440億円の第三者割当増資を引き受ける。
> ③ フジテレビ、ライブドアの両社は「業務提携推進委員会」を設置し、インターネットと融合した業務提携について具体的内容を協議する。

以上が、ライブドアのニッポン放送株大量取得の大まかな経緯である。

(2) その後

その後、堀江氏は2005年8月のいわゆる「郵政解散」にともなう衆議院選挙に立候補するなど、引き続き世間の注目を集めた。

しかし、2006年1月23日に証券取引法違反（偽計、風説の流布）の疑いで逮捕され、2月22日には証券取引法違反（有価証券報告書の虚偽記載）の疑いで再逮捕されることとなる。

また、ライブドアに先立ちニッポン放送株の大量取得を行っていた村上ファンドについては、その後、阪神電気鉄道の株式取得に動く。2005年10月3日には保有比率を38.13％にまで高めたことが、大量保有報告書により明らかになるなど、こちらも世間の注目を集めることとなる。しかし2006年6月5日に、代表の村上氏がニッ

ポン放送株取得をめぐる証券取引法違反（インサイダー取引）容疑で逮捕されたことから、阪神電気鉄道株式を手放すこととなる。その後、同株式をTOBにより取得した阪急ホールディングスと阪神電気鉄道が経営統合し、「阪急阪神ホールディングス」が誕生した。

(3) ニッポン放送買収劇が残したもの

皮肉なことに、ニッポン放送買収劇は、日本の株式市場が「規制緩和」や「直接金融・株主重視」へ動き出すなかで生じたさまざまな矛盾やルールの問題点をあぶり出したといえる。

いまでこそ「親子上場」の解消に向けた上場子会社株式の売却や100％取得による非上場化の動きは当たり前になっているが、当時、親子上場にともなう資本のねじれが残るなか、その矛盾をついたアービトラージ（裁定取引）として行われたのがニッポン放送買収劇だった。

また、ライブドアはルール違反とまではいえないものの、規制の網をくぐり抜けるようないくつかの行為を行っている。これらはその後問題視され、規制の見直しにつながっていくこととなった。

【ライブドアが行った問題行為の事例】
① ライブドアは上場直前を含め計5回の株式分割を実施し、36万分割にも達する極端な株式分割を実施していた。これにより最低投資金額を下げて投資家が株を買いやすくすることで、株式時価総額を引き上げていた。
② ニッポン放送株の大量取得に際して、TOBを行わず、本来は企業のM&Aを目的としない時間外取引を利用した。
③ ニッポン放送株取得の際の資金調達手段として、特定の証券会社にMSCB（下方修正条項付転換社債）を発行した。株価が下がると、転換価格が下方修正される仕組みであり、株式数の希薄化を招くことから、既存株主の利益が損なわれる恐れがある。

Column

対日投資促進施策の歩みと変遷

　わが国の対日投資促進の動きを1990年までさかのぼってみる。同年6月の日米構造問題協議最終報告を踏まえ、政府は「直接投資の開放性に関する声明」を発表。日本貿易振興機構（ジェトロ）に輸入促進部を設置し、輸入促進事業を展開した。1991年には外為法を改正し、対日直接投資に関する手続きを簡素化（1992年1月施行）、1992年には外資系企業を対象に優遇税制、債務保証およびその他支援を行うための「輸入の促進及び対内投資事業の円滑化に関する臨時措置法（輸入・対内投資法）」を公布（1992年7月施行）し、1993年には、外資系企業が円滑に事業を進められるよう、総合的なサービス支援を行う「株式会社対日投資サポートサービス（FIND）」を官民出資で設立するなど、さまざまな支援施策が打ち出された。

　1993年は、日米両国において政権政党が交替するという、戦後の日米関係において初めての事態を経験した。日本は細川内閣時代（1993年8月〜1994年4月）、米国は民主党のビル・クリントン政権時代である。すでに世界経済は貿易から投資競争の時代に移っていた。「日本企業は対外直接投資を盛んにやっているのに、自国には受け入れていない」と米国が門戸開放を要求してきた。細川・クリントンの日米首脳会談の重要議題になったが、合意ができず、共同声明も出せないまま終わった。この問題にどう答えるか。政府内で議論が続き、村山内閣時代（1994年6月〜1996年1月）の1994年7月に対日投資会議、同専門部会が設置された。

対日直接投資政策の流れ	
1994年	政府が対日投資会議、同専門部会を設置
96年	対日投資会議が「我が国M&Aの環境整備」発表
2003年	小泉首相が対日直接投資残高の倍増目標を表明
06年	GDP比5％程度の新目標を決定
08年	内閣府が対日投資有識者会議を設置、「5つの提言」発表

　1996年、対日投資会議において、M&Aに関する対日投資会議声明および「我が国M&Aの環境整備」を公表。1997年には「経済構造の変革と創造のための行動計画」が閣議決定され、新規産業創出15分野のうちの国際化関連分野において、対日投資促進支援と対日M&Aの促進を図るための環境整備の検討が盛り込まれた。なお、この年、純粋持株会社が解禁され、合併手続きの簡素化が行われている。

　その後もさまざまな施策が打ち出されたが、活動が本格化するのは小泉政権時代（2001年4月～2006年9月）である。「対日投資をもっと活発にしよう」と小泉総理が言い出した。外国企業が日本で投資をしやすい環境をつくることは、必ず日本企業のためにもなる、外国企業の投資がしやすくなれば日本企業はもっと動きやすくなる、国内の投資やM&Aも活発になる、経済が活性化する、構造改革のテコになるはずだと。

　そこで政府は、数値目標を掲げて取り組んだ。2度、倍増目標を掲げている。1度目は2003年、小泉総理が施政方針演説で対日直接投資の残高6.6兆円を5年で2倍にする方針を打ち出した。同年3月に第6回対日投資会議が開催され、対日投資会議決定として「対日直接投資促進策の推進について」を発表。対日投資会議の締めくくりとして、小泉総理は「日本への直接投資は諸外国のそれに比べ20分の1程度しかない。投資の魅力ある国にするため、意識の改革が必要。投資が実際に増えていくような実効ある施策を実施

してもらいたい」と述べている。1年遅れで達成したが、対GDPで見ると、日本は2.5％に過ぎない。英国の44％はともかく、ドイツの25％、韓国の8％と比べても極端に低い。そこで今度は残高の対GDP比を10年末までに2倍の5％程度にしようと新目標を立て、取り組んだ。対日投資会議専門部会が「対日投資促進プログラム」を取りまとめ、M&A投資、グリーンフィールド投資などの情報窓口をジェトロに一本化。ジェトロの独立行政法人化などが進められた。

　2006年、平成の開国だった。より積極的に外国企業の投資を誘致する取組みが展開され、同時に一連の財政改革のなかで、対日直接投資のイニシアティブも次第に中央政府から地方政府に移っていった。投資先は徐々に製造業から非製造業へ拡大し、また、対日M&Aを実施する投資主体は、事業会社のウエイトが下がり、投資会社の割合が増加した。2007年、対日投資会議は廃止され、必要に応じて閣議または関係閣僚会議を開催して行う方式に移行していった。

　外国企業による対日M&A（OUT-IN）は、2023年1年間で283件、2兆804億円と、同年の日本企業による海外M&A（IN-OUT）661件、8兆979億円と比較して、おおよそ件数で2分の1、金額で4分の1の水準であるが、30年前（1994年）の60件、128億円と比較するとそれぞれ4.7倍、162.5倍に増えている。2024年は件数、金額ともに前年を上回った。米ブラックストーン・グループによるインフォコムの買収（2,760億円）、米カーライル・グループによる日本KFCホールディングスの買収（1,350億円）などPEファンドの案件が目立った。これまで、PEファンドに加え、ベンチャーファンド、アクティビストファンドなどが対日投資促進のけん引役を果たしてきた。他方、事業会社の対日M&Aは伸びていない。今後、事業会社による買収が増加するか、注目すべきポイントである。

図表15：外国企業の対日M&A（OUT-IN）　件数と金額の推移

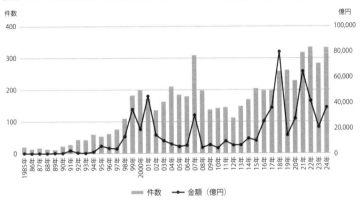

Column

NTTとJT〜1985年の民営化によって発足した両社のM&A

　1985年、2つの公社が民営化され、NTT（日本電信電話）とJT（日本たばこ産業）が発足した。

　NTTは発足後、自社の事業を分社化していき1999年には持株会社体制に移行した。2000年〜2001年には、海外事業の強化に向け数千億円〜1兆円という巨額の資金を投じて米国ネットサービスのベリオを買収し、米国携帯電話大手のAT&Tワイヤレスなどにも資本参加をしたが、ITバブルの崩壊などによって減損損失の計上や株式売却などを余儀なくされた。

　NTTはこの時の失敗から得た教訓を生かしつつ、2010年に情報システム関連の本格的な海外M&Aを開始した。同年、NTTは南アフリカを本拠地とする英国情報システム大手のディメンション・データを買収し、また、NTT子会社で東証1部上場のNTTデータも米国情報システム会社のキーンインターナショナルを買収した。そして2016年、NTTデータは米コンピューター大手のデルから、北米を中心にクラウドサービスなどを展開するDell Services部門を譲り受けた。これらのM&Aは、NTTグループがシステムインテグレーション事業をグローバルに展開していく礎となった。

　2020年にはグループとしての意思決定の迅速化などを図るため、移動通信事業子会社で東証1部に上場していたNTTドコモを完全子会社化した。その後、NTTドコモはマーケティング支援のインテージホールディングスや、マネックス証券を傘下に持つマネックスホールディングス（現ドコモマネックスホールディングス）、また、オリックスの子会社で個人向け金融サービス業のオリックス・クレジットなどを買収し事業領域を拡大している。

　2022年〜2023年には、NTTデータとNTTが海外事業を統合し

てNTT DATA, Inc.を設立するとともに、全額出資で設立する新会社（社名は「NTTデータ」）に国内事業を会社分割により移管。傘下にNTT DATA, Inc.とNTTデータを擁する持株会社「NTTデータグループ」が発足した。これによってNTTは以下の表のようなグループ体制になった。

なお、NTTは2027年度までにAIやデータセンターなどの成長分野へ8兆円の投資を行うと述べている。最近では再生可能エネルギー事業も強化しており、同社にとってM&Aは事業拡大に向けた手段の1つになり得ると考えられる。

図表16：NTTの主要な事業と子会社

事業名	事業概要	営業収益（億円）	主要子会社
総合ICT事業	携帯電話、国際通信など	58,645	NTTドコモ
地域通信事業	県内通信など	24,895	NTT東日本、NTT西日本
グローバル・ソリューション事業	システムインテグレーションなど	41,763	NTTデータグループ（東証プライム上場）
その他	不動産、エネルギーなど	8,443	NTTアーバンソリューションズ NTTアノードエナジー
連結売上高		133,746	—

（注）営業収益は外部顧客に対するもので2024年3月期有価証券報告書より

NTTと時を同じくして民営化されたJTは、M&Aを通じてたばこ事業のグローバル化を展開する一方で、国内では事業の多角化を図った。

1992年には試験的な海外案件として英国のマンチェスタータバコを買収。これにより培った海外展開のノウハウをもとに、1999年には約1兆円で米RJRナビスコから米国外のたばこ事業を譲り受

け、世界的ブランドのWinstonとCamelを取得した。そして、2007年には日本企業による買収としては当時過去最大となった約２兆2,500億円で英たばこ大手のギャラハーを買収した。

その後もアジアやアフリカなどのたばこを事業とする企業を対象に、数百億円から数千億円の買収を行った。片方で国内市場が縮小していくなか、国内工場を次々と閉鎖していった。

2022年にはたばこ事業のさらなる競争力・収益力強化のため、国内たばこ事業と海外たばこ事業を一本化し、たばこ事業の本社機能をスイス（ジュネーブ）の拠点に統合した。

一方、JTは1985年の民営化とともに医薬、食品の事業部を設置し多角化を推進した。1998年には飲料自動販売機事業のユニマットコーポレーション（現ジャパンビバレッジホールディングス）と医薬品事業の鳥居薬品を買収。2008年には大手冷凍食品メーカーの加ト吉を買収するとともにJTの加工食品事業を加ト吉に統合し、2010年、商号をテーブルマークに変更した。しかし、2015年にはジャパンビバレッジホールディングスをサントリー食品インターナショナルに売却し、2022年にはパン製造子会社のサンジェルマンをクリエイト・レストランツ・ホールディングスに売却しており、企業間競争が激しいなかで事業運営が容易ではない様子をうかがわせた。

2023年12月期、JTの海外売上比率は75.9％に達した。事業別売上構成比をみるとたばこが９割超を占めており、海外のたばこ事業が業績のけん引役と推察される。JTは投資についてたばこ事業の成長投資を最も重視すると述べており、同社は今後もM&Aによって同事業を強化していくと考えられる。また、医薬については生産性向上、そして、加工食品については事業成長に取り組む意向を示しており、事業内容は異なるものの、たばこ事業において得られた事業拡大のノウハウを医薬や食品についても展開していくことを期待する声があがっている。

図表17：JTの事業別売上収益

事業名	売上収益（億円）	売上構成
たばこ事業	25,909	91.19%
医薬事業	949	3.34%
加工食品事業	1,539	5.42%
その他	14	0.05%
連結売上高	28,411	100.00%

（注）売上収益は外部顧客に対するもので2023年12月期有価証券報告書より

第 5 章
M&A推進要因の多様化
2009年以降

年表（2009年～2024年）

年月		主な出来事/主なM&A案件
2009年	6月	米自動車大手GM、経営破綻。負債総額は16兆4,000億円
2010年	1月	改正独禁法施行
2011年	3月	東日本大震災
2012年	12月	第二次安倍内閣発足、政策方針として「三本の矢」を打ち出す
2013年	4月	黒田日銀総裁が異次元緩和
2014年	2月	金融庁が「日本版スチュワードシップ・コード」を策定
	4月	サントリーホールディングスが米蒸留酒最大手のビームを買収
		消費税率5％から8％へアップ
	8月	伊藤レポート公表、ROEの目標水準を8％と掲げる
2015年	6月	金融庁と東証が「コーポレートガバナンス・コード」制定、全上場企業に適用
	7月	東芝、不正会計で歴代3社長辞任
	11月	郵政3社上場
2016年	8月	台湾の鴻海精密工業が経営再建中のシャープを買収
	9月	ソフトバンクグループが英アーム・ホールディングスを買収
2017年	9月	米ベインキャピタルを軸とするコンソーシアム、東芝メモリ買収を発表
	11月	日経平均株価が2万2,937円と、1992年1月以来、25年10カ月ぶりの高値塗り替え
2018年	11月	日産カルロス・ゴーン会長が金融商品取引法違反容疑で逮捕
2019年	1月	武田薬品工業がアイルランドの製薬大手シャイアーを買収
	10月	消費税率8％から10％へアップ
2020年	1月	英国がEU離脱
	3月	中小企業庁が「中小M&Aガイドライン」を策定
	4月	新型コロナウイルス感染拡大、緊急事態宣言発令
	7月	経済産業省が「事業再編実務指針」公表
2021年	5月	セブン&アイ・ホールディングスが米孫会社を通じ、米スピードウェイ買収
	7月	東京五輪・パラリンピック、新型コロナにより1年延期で開催
2022年	2月	ロシアがウクライナへ軍事侵攻
	6月	米FRBが0.75％の大幅利上げを約27年半ぶりに決定、インフレ加速で米欧利上げへ
	10月	32年ぶりに1ドル151円台、急速な円安進行
2023年	5月	新型コロナ「2類相当」から「5類」へ移行、行動制限措置なくなる
	8月	経済産業省が「企業買収における行動指針」策定
	10月	イスラエル・ハマス軍事衝突
2024年	2月	日経平均株価、1989年12月末の史上最高値3万8,915円を34年2カ月ぶりに更新
	3月	日銀、17年ぶりの利上げに踏み切り、マイナス金利政策の解除を決定

（注）網掛けは主なM&A案件

1 ガバナンス改革の進展

(1) ガバナンス改革は2013年にスタート

　2013年に第2次安倍内閣による「日本再興戦略－JAPAN is BACK」が発表され、アベノミクスがスタートする。2014年2月に日本版スチュワードシップ・コード（以下、SSC）が策定され、8月に伊藤レポート公表、2015年6月にコーポレートガバナンス・コード（以下、CGC）が適用開始となった。わが国の本格的なガバナンス改革が開始された。

　SSCは、機関投資家が対話を通じて企業の中長期的な成長を促す受益者責任を果たしていくことを目的とし「責任ある機関投資家の諸原則」として策定された。CGCは、金融庁と東京証券取引所より、上場企業が守るべき行動規範を示した企業統治の指針として発表され、適用が開始された。「適切な情報開示と透明性の確保」「取締役会等の責務」「株主との対話」など5つの基本原則が策定され、法的拘束力のない自主規制ではあるが、「Comply or Explain（原則を実施しない場合は、実施しない理由の説明を求める）」の精神が盛り込まれている。伊藤レポートは、ガバナンス改革の見取り図ともよばれ、一橋大学の伊藤邦雄教授が中心になり、各分野のプロ53人が集まって1年間議論した結果をまとめたもの。企業と投資家がともに持続的な企業価値の向上を目指すことや、「最低限8％を上回るROEを達成することに各企業はコミットすべきである」ことが盛り込まれている。この2つのコードとレポートにより、改革の方向付けが行われた。

(2) 着実にアップデートされていったガバナンス改革

　以下の年表が示すように、経済産業省を中心に毎年のように改訂や補完のためのガイドライン制定が実施され、ガバナンス改革は進展をしていった。

2017年　SSC改訂
　　独立した取締役会、議決権行使の意思決定や監督のための第三者委員会などのガバナンス体制の整備や、議決権行使結果の個別開示などを求める
2018年　投資家と企業の対話ガイドライン
　　投資家と企業の対話にて、資本コストを意識した経営やCEO選解任に関する手続きなど重点的議論を期待する事項を取りまとめた
2018年　CGC改訂
　　事業構成の見直しや資本コスト経営のさらなる推進と、CEOの選解任や報酬決定、取締役会メンバーの多様性確保の在り方などを提言
2019年　グループガイドライン
　　主に子会社（上場子会社問題も含む）などのグループ全体でのガバナンスの在り方、実効性の高め方、諸外国での取組みなどを紹介
2020年　事業再編ガイドライン
　　事業再編に焦点をあて、経営陣のインセンティブ、取締役会の監督機能、事業評価の仕組みを整理し、事業の切り出しを行うための工夫を提示
2023年　東証のPBR改善要請
　　PBR1倍割れ企業について「資本コストを上回る収益性を達成できていない」と指摘。改善方針や具体的目標を示すことを要請
2023年　企業買収における行動指針
　　M&Aに関する公正なルール形成に向けて共有されるべき原則を提示。買収提案に対し、取締役会は真摯な検討を行うこと

（3）上場企業の変化

　ガバナンス改革の進展に呼応し、上場企業が買手となった件数と売手となった件数（カーブアウト案件）は、**図表18**のように推移している。

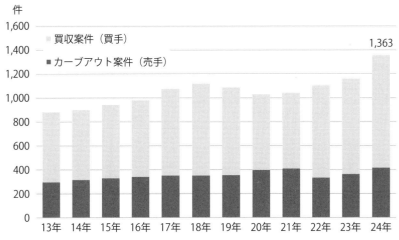

図表18：上場企業のM&A件数

（注1）買収案件は上場企業が買手となった買収、事業譲渡、合併の件数を修正

　2020年は、コロナ禍の影響もありM&A活動は一時的に減少したが、2024年の年間件数は大きく増加し、1,363件となっている。上場企業のM&A件数は増加傾向にある。これは、ガバナンス改革により経営者の企業価値向上への取組みが強化されてきた結果だろう。M&Aデータにも、ガバナンス改革の進展が現れている。

2　「企業買収における行動指針」公表

　経済産業省は、M&Aに関する公正なルール形成を促すことで望ましい買収の実行を促進するという考え方のもと、2005年に「買収防衛策に関する指針」を策定した。その後のMBO指針（2007年）や公正M&A指針（2019年）などを経て、企業の公正性確保の意識は高まっている。

　一方で、平時の買収防衛策導入に対する機関投資家の反対割合が増加し、導入企業数は減少傾向にある。経済産業省は、昨今の複雑化した経営課題へ取り組む企業戦略として、M&Aが活用されることがこれまで以上に期待されるとし、2022年11月に「公正な買収の在り方に関する研究会」を立ち上げた。買収提案についての評価が買収者と対象会社で分かれるケースを念頭に、当事者の行動の

在り方を中心に2023年8月、「企業買収における行動指針」を策定した。

図表19：TOBによる買収提案（TOB提案）　買手別件数と買収防衛策導入社数の推移

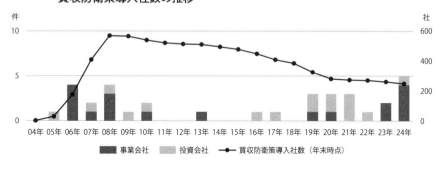

対象会社の経営陣の賛同を得ずに、経営権の支配を目的として、TOBによる買収提案（TOB提案）をしたことがリリースなどで開示された事例は2005年に初めて1件登場し、2024年までの20年間で34件あった。34件のマーケット別内訳はIN-IN24件、OUT-IN10件。買手は事業会社18件、投資会社16件。ここ数年は年間1～3件で推移してきたが、2024年は5件に増加した。

2006年に上場大手による本格的なTOB提案が行われた。製紙業界首位の王子製紙は北越製紙に対して同意なき（敵対的）TOBを実施したが、北越製紙はこれを拒否し、三菱商事に対する第三者割当増資を発表。買収防衛策の導入を決議した。さらに、製紙業界2位の日本製紙グループがTOBを阻止する狙いで、市場で株式を買い増し、TOBは応募が集まらず不成立に終わった。その後は買収防衛策の導入企業の増加、リーマン・ショックの影響が尾を引き、買収提案（TOB提案）は沈滞した。近年では、ユニゾホールディングスを巡る買収合戦において米投資ファンドのブラックストーンが行ったTOB提案や、島忠を巡ってDCMホールディングスに対抗して行ったニトリホールディングスのTOB提案などが記憶に新しい。

2023年7月、ニデックはTAKISAWAに対して、TOB提案を実施した。「企業買収行動指針」を念頭に置いた本提案はTAKISAWAに受け入れられ、ニデックによるTOBは成立。TAKISAWAはニデックの完全子会社となった。この事案は日本のM&A市場に大きな影響を与えている。これを先駆けに、同年には第一生命ホー

ルディングスが、エムスリーがTOBを実施していたパソナグループの子会社のベネフィット・ワンにTOB提案を行い、完全子会社化した。

図表には含まれていないが、2024年8月には、カナダのコンビニエンスストア大手のアリマンタシォン・クシュタールがセブン&アイ・ホールディングスに対して買収提案を行い、注目を集めた。同社は同年11月にMBO構想浮上の報道を受けて、創業家の資産管理会社からも買収提案を受領していると発表した（2024年末時点）。2024年のTOB提案では、富士ソフトを巡って、2段階TOBを進める米コールバーグ・クラビス・ロバーツ（KKR）に対抗して米ベインキャピタルが提案を行ったほか、ニデックが前年に続き、「世界屈指の総合工作機械メーカ」を目指して牧野フライス製作所に対して買収提案をした。不成功に終わったが、同年にはブラザー工業が、米投資ファンドと共同でMBOによる非上場化を目指すローランドディー.ジー.に対して、AZ-COM丸和ホールディングスがC&Fロジホールディングスに対してTOB提案を行った。企業の経営戦略の一手として、同意がなくとも買収（TOB）提案を公表し、公正な手続き確保を図るケースは増加していくとみてよいだろう。

3 物言う株主（アクティビスト）の動向

近年、アクティビストファンドによるM&Aが活発化している。2024年は126件と、過去最多を記録した2007年の75件を大幅に上回っている。

レコフデータでは、アクティビストファンドが市場などから株式を原則5％以上買い付けた案件を「物言う株主」として分類している。大量保有報告書の保有目的を「重要提案行為を行う」とする案件を含む。

アクティビストファンドによるM&Aは2000年に初めて1件登場した。村上世彰氏が代表を務めるエム・エイ・シーは、東証2部上場の昭栄への出資比率を高めるため、TOBを実施し、同社の全株式1,400万株を対象とした。しかし、昭栄の取締役会は反対し、敵対的TOBとなった。TOBの結果、出資比率はTOB前からの保有分と合わせて6.52％に高まった。

M&A手法が成長戦略の有効手段として認知され、上場企業自身もM&Aの対象となっていくなかで、アクティビストファンドによるM&Aは、2003年以降、毎年登場するようになった。同年12月には米スティール・パートナーズ・ジャパ

ン・ストラテジック・ファンドが、金属工作用油剤のユシロ化学工業、毛織物の染色整理加工のソトーに対して、事前の同意なしにTOBを開始し、敵対的TOBとなったが、いずれも失敗に終わった。その後も、スティールの活動は活発化し、2004年は上場企業16社に相次ぎ投資し、アクティビズム活動を行った。

2007年は75件に急増した。英投資ファンドのシルチェスター・インターナショナル・インベスターズ・リミテッド、シンガポールのいちごアセットマネジメント、同じくエフィッシモ・キャピタル・マネジメント ピーティーイー エルティーディーなど、日本に投資するファンドが拡大した。同年のスティールによるブルドックソースへの敵対的TOBについては、ブルドックソースが対抗措置として実施する新株予約権無償割当ての成否について裁判所での係争が最高裁までもつれた。その後は、買収防衛策（買収への対応方針）の導入企業数の拡大、2008年のリーマン・ショックの影響も相まって、2009年5件、2010年2件と減少した。

図表20：アクティビストファンドによる日本企業へのM&A　件数の推移

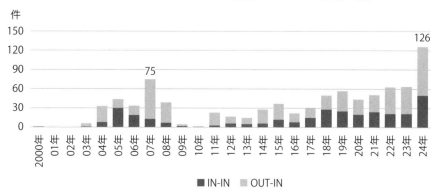

その後、2014年2月の「日本版スチュワードシップ・コード（SSC）」公表、同年8月の「伊藤レポート」公表、2015年6月の「コーポレートガバナンス・コード（CGC）」公表で、ガバナンス改革が本格化したが、これにともなって、アクティビストファンドの動きも再び活発化し始めた。シンガポールの投資顧問業の3Dインベストメント・パートナーズは、富士ソフトへの出資比率を2022年4月1日時点で13.95％に高めた。投資目的を「純投資及び状況に応じて経営陣への助言、重要提案行為等を行うこと」とした。富士ソフトは2024年8月、米投資ファンドのコールバーグ・クラビス・ロバーツ（KKR）の傘下に入るべく、非上場化を決断している。

　買収案件もあった。香港に拠点を置き、英領ケイマン諸島に所在するヘッジファンドのオアシス・マネジメント・カンパニーは、不動産開発のレーサムをTOBにより買収した。オアシスがこれまでの国内外の企業とのエンゲージメントや投資経験を通じて培ったノウハウを活かし、レーサムの資金調達力を拡充する。

　2023年には、米バリューアクト・キャピタルがセブン&アイ・ホールディングスに対してコンビニエンスストア事業のスピンアウトを迫った事例（最終的に当該提案は否決された）のように、今後日本においてもアクティビストからM&A関連のキャンペーンがより積極的に展開される可能性がある。その場合、会社として実施予定のM&Aまたはアクティビストから提案されたM&Aの経済合理性や事業戦略上の合理性について、各株主に対して、より丁寧かつ詳細な説明が求められる機会が増えるものと思われる。日本においても、2024年6月総会において過去最多の会社が株主提案を受けたとされており、今後もアクティビストファンドによる活動が活発な状況が続き、企業経営に影響を与えていくだろう。

Column

ニデック〜M&Aでモーターから工作機械へ事業領域を拡大

2024年3月期、ニデック(旧日本電産)は過去最高の売上高2兆3,472億円を計上した。同社は永守重信・代表取締役グローバルグループ代表(取締役会議長)が1973年に設立し、パソコンにメモリーとして使用されるハードディスクドライブ(以下「HDD」)用モーターを生産することで、飛躍のきっかけをつかんだ。

しかし、現状の売上構成比をみるとモーターを主力製品としながらもHDD用モーターの割合は3%にとどまっている。同社はこれまで74件のM&Aを実行。これによってモーターやこれに関わる技術、モーターの種類や用途、そして、工作機械といったモーター以外の事業を拡大してきた。

図表21:製品別売上高・売上構成比(2024年3月期)

製品	製品概要	売上高(億円)	構成比
精密小型モータ	ー	4,157	17.7%
うちHDD用モータ	ー	706	3.0%
うち その他小型モータ	ブラシレスモータ、ファンモータなど	3,451	14.7%
車載	車載用モータ、自動車部品など	5,809	24.7%
家電・商業・産業用	家電・商業・産業用モータ及び関連製品	9,661	41.2%
機器装置	産業用ロボット、工作機械など	2,984	12.7%
電子・光学部品	スイッチ、センサなど	818	3.5%
その他	オルゴールなど	42	0.2%
連結売上高	ー	23,472	100.0%

(注)有価証券報告書より作成

1990年代、パソコン市場が拡大しHDDの大容量化に対するニーズが拡大するなか、HDD用のモーターについても回転精度などに関わる高度な技術が必要とされるようになった。ニデックはHDD用モーター製造やこれに必要な計測技術、プレス技術を有する企業をM&Aによってグループ化することで、量産体制を整え高い市場シェアを獲得した。

図表22：ニデックによるHDD用モーター製造に関わる主要なM&A

年	対象企業・事業	国	対象先の事業・技術・製品
89	信濃特機	日本	HDD用モータ
95	共立マシナリ	日本	モータの自動組立装置、自動検査装置
97	トーソク	日本	計測機器、半導体計測装置
97	京利工業	日本	高速精密自動プレス機
00	シーゲート社ランシット工場モータ部門	タイ	HDD用モータ生産工場
03	三協精機製作所	日本	HDD用モータ

（注）年は西暦。有価証券報告書、統合報告書2023より作成

　一方、HDD用モーターの生産が不調に陥るリスクに鑑み、家電・商業・産業分野や車載分野へと事業領域を拡大。日本の企業だけではなく外国企業も含めて、こうした分野に強みを持つ企業をM&Aによって傘下に収めた。インターネットを使用するためのデバイスがパソコンからスマートフォンに移行していくなかで、世界のHDD出荷台数は2010年にピークに達した。これとともにニデックはM&Aを加速させ総合モーターメーカーへと変身していった。

図表23：ニデックによる事業領域拡大に向けた主要なM&A

年	対象企業・事業	国	対象先の事業・技術・製品
98	芝浦電産	日本	空調用モータ、産業用中小モータ
00	ワイ・イー・ドライブ	日本	安川電機子会社。OA機器用DCサーボモータ
06	ヴァレオ社モータ＆アクチュエーター事業部門	仏	車載モータ
07	日本サーボ	日本	日立製作所子会社。小型モータ製造
10	Emerson Electric社 モータ＆コントロール事業	米	家電用、産業用モータ等大型モータ
12	Ansaldo Sistemi Industriali 社	伊	風力発電、水力発電用発電機モータ等
12	Avtron Industrial Automation,Inc	米	産業用モータ用制御機器
12	Kinetek Group Inc.	米	エレベータ向け等の商業用モータ
14	ホンダエレシス	日本	自動車用電子制御ユニット（ECU）
15	Geräte- und Pumpenbau GmbH Dr. Eugen Schmidt（GPM）	独	自動車用ポンプ
17	Emerson Electric社　モータおよび発電機事業	仏	産業用モータ、ドライブ、発電機
17	Emerson Electric社　ドライブ事業	英	産業用モータ、ドライブ、発電機
19	ワールプール社　コンプレッサ事業	ブラジル	冷蔵庫用コンプレッサ
19	オムロンオートモーティブエレクトロニクス	日本	自動車制御技術

（注）年は西暦。有価証券報告書、統合報告書2023より作成

　そして2021年には、三菱重工業の子会社で歯車工作機械製造の三菱重工工作機械（現ニデックマシンツール）を買収し、工作機械事業への参入を果たした。子会社の日本電産シンポ（現ニデックド

ライブテクノロジー）が手がける減速機およびプレス機事業とのシナジーを見込んだものであり、また、ニデックによると三菱重工工作機械の歯車に関わる技術力が電気自動車の主要部品拡販にも不可欠だという。

　その後も東証1部上場のOKK（現ニデックオーケーケー）や、イタリアのPAMAといった工作機械メーカーを買収した。そして、2023年に東証スタンダード上場のTAKISAWAに買収を提案した。提案内容を検討したTAKISAWAの取締役会は、TOB開始前日に賛同の意見を表明。TOBは成立しTAKISAWAはニデックの完全子会社になった。2024年には牧野フライス製作所に同意なき買収を提案。ニデックは世界No.1の工作機械メーカーになることを目指す。

Column

日立製作所の事業構造改革

　日立製作所は、リーマン・ショックの影響もあり、2009年3月期に製造業で過去最大の最終赤字となる7,873億円を計上した。「沈む巨艦」と揶揄されるなど、当時は厳しい経営状況にあった。
　この赤字計上を機に、「プロダクトの製造・販売中心」の事業形態から「課題解決につながるソリューションを提供」する形態へ転換を図るために事業ポートフォリオの見直しを進め、事業構造改革を実施したのが川村隆氏、中西宏明氏、東原敏昭氏の3代にわたる社長である。
　2009年4月から2010年3月まで社長を務めた川村氏は、再建計画「100日プラン」を策定し、社会イノベーション事業に集中するとの大方針や上場子会社5社の完全子会社化、テレビの自社生産からの撤退などの方針を決定・実行した。
　上場子会社5社の完全子会社化は2009年7月28日に公表された。社会イノベーション事業の中心となる情報通信システム事業の3社（日立情報システムズ、日立ソフトウェアエンジニアリング、日立システムアンドサービス）と社会インフラ事業の日立プラントテクノロジーならびに社会イノベーション事業を支えるキーデバイスであるリチウムイオン電池事業の日立マクセルの5社を対象とした。これにより、事業の一体化を進め、効率化を図るとともに子会社の利益を100％グループ内に取り込むことで収益基盤の強化を図った。
　また、日立製作所は2009年9月末時点で、連結ベースの株主資本が1兆円を割り込み、総資産に対する株主資本の比率（株主資本比率）は10.9％まで低下していた。このため、2009年12月に公募増資などにより約3,500億円の資金調達を行い、財務面の底入れも図った。これら経営基盤の強化もあり、2009年3月期の過去最大の赤字からわずか2年後の2011年3月期には2,388億円と過去最

高の当期利益を計上するまでに業績はV字回復している。

次いで2010年4月から2014年3月に社長を務めたのが中西氏である。同氏は、製品やソフトウェア単体の販売からソリューション事業への転換を進め、M&Aなどを通じてグローバル化を加速させた。

中西社長時代に進められたM&A案件としては、2015年10月に設立した2つの合弁会社（米ジョンソンコントロールズ インクとの空調事業の合弁会社およびスイスABBとの国内向け高圧直流送電事業の合弁会社）のほか、同年11月にイタリアの防衛・航空大手フィンメカニカから、同社の鉄道信号部門であるアンサルドSTSを買収した案件があげられる。

その後、2014年4月から2021年6月にかけて社長を引き継いだのが東原氏である。もう一段の成長を図るために、縦割り組織となっていたカンパニー制を廃し、売上高数千億円のビジネスユニット（BU）に分割・再編し、すべてを社長直轄の組織とするBU制を導入した。また、顧客のデータから新たな価値を創出する支援を行い、日立グループの成長の核と位置づける「Lumada（ルマーダ）」の立ち上げなどの改革を行った。

この時期にM&Aを活用した事業再編も一気に加速している。2016年から8社の上場会社の売却や非連結化を実施した。一方で、ルマーダとの親和性が高く、社会イノベーション事業の推進に必要となる日立ハイテクは完全子会社化を図った。この結果、過去最大の最終赤字を計上した2009年3月期末に22社あった国内の上場子会社は、日立金属の株式売却を完了した2023年3月期にはゼロになっている。売却対象となった子会社のなかには、「日立御三家」の一角を担った日立化成、日立金属や、大手建設機械メーカーの日立建機なども含まれている。

また、東原氏が2014年4月に社長を引き継いだ時点では、世界

一のシェアを誇る事業が1つもなかったことから、海外企業の大型買収も積極的に行った。

2019年には、工場の生産ラインなどを設計・構築するロボティクスSIの米JRオートメーションを約1,500億円で買収。2020年には送電・変圧器で世界No.1のスイスABBのパワーグリッド事業を約1兆円で買収した。2021年には2万人以上のITエンジニアを有するデジタルエンジニアリングサービス企業の米グローバルロジックを約1兆円で買収。2023年には仏タレスから鉄道信号関連事業を2,000億円超で買収するなど、世界No.1事業の育成が図られた。

図表24：日立製作所の事業再編の推移（2016年以降）

2016年	5月	●日立物流の株式一部売却により持分法適用会社化（注1）
	10月	●日立キャピタルの株式一部売却により持分法適用会社化（注2）
2017年	3月	●日立工機の株式売却
2018年	6月	●日立国際電気の半導体装置事業を売却、同社を持分法適用会社化
2019年	3月	●クラリオンの株式売却
2020年	4月	●日立化成の株式売却
	5月	○日立ハイテクを完全子会社化
	7月	○スイスABBからパワーグリッド事業買収
2021年	3月	●画像診断関連事業を売却
	7月	○米グローバルロジック買収
	8月	○仏タレスから鉄道信号関連事業を買収
2022年	8月	●日立建機の株式一部売却により持ち分法適用会社化
2023年	1月	●日立金属の株式売却
	10月	●日立Astemoの株式一部売却により持分法適用会社化

出所：日立製作所IR資料等を基に作成（●は売却案件、○は買収・完全子会社化の案件）
（注1）2023年3月、日立物流株式を米投資ファンドのKKRへ売却
（注2）2021年4月、日立キャピタルは三菱UFJリースと合併

4 IN-OUT案件の大型化

　海外M&Aが大型化し始めたのは2006年である。同年のIN-OUTの金額は8兆6,023億円とそれまでで最高を記録した。JT（日本たばこ産業）による英ギャラハーの買収（2兆2,530億円）、東芝などによる英ウェスチングハウス（WH）の買収（6,210億円）、日本板硝子による英ピルキントンの買収（6,160億円）など大型案件が相次ぎ発表された。国内市場が成熟、縮小に向かうなか、この年を契機に、成長戦略実現に向けた海外事業強化の動きが本格化した。2008年には、三菱UFJフィナンシャル・グループ（MUFG）による米モルガン・スタンレーへの資本参加（9,481億円）、武田薬品工業による米ミレニアム・ファーマシューティカルズの買収（8,999億円）などがあった。リーマン・ショックの影響などを受けてM&A全体が低調のなかで、日本企業の攻めの姿勢が顕在化した。

図表25：日本企業による海外M&A（IN-OUT）　件数と金額の推移

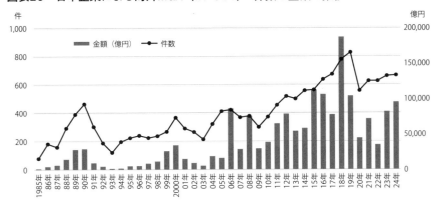

　2015年は11兆2,512億円と初めて10兆円を突破した。上場企業の手元資金が過去最高水準となるなか、成長市場や成長の原動力を海外に求めて、保険会社や物流企業など内需型企業を中心に海外強化の動きが活発化した。この年、日本郵政が、傘下の日本郵便を通じて、豪州物流大手のトール・ホールディングスを7,249億円（企業価値ベース）で買収した。

　資源分野から非資源分野へ事業ポートフォリオの見直しを急ぐ総合商社のなか

で、非資源分野で商社トップを宣言し、アジア開拓を強化する伊藤忠商事は、2014年に資本業務提携したタイ最大財閥のチャロン・ポカパングループと共同で、中国最大の国有複合企業であるCITIC Groupの傘下のCITIC Limitedに約1兆2,000億円を出資した。

　2018年のIN-OUTの件数は777件、金額は18兆7,092億円で、前年の7兆7,251億円から2.4倍に拡大し、過去最高を更新した。金額トップは、武田薬品工業によるアイルランドの製薬大手シャイアーの買収で6兆9,695億円。対価は金銭と株式で、日本企業のM&Aとしては過去最大となった。次いで、独ドイツテレコムの子会社で米携帯電話3位のTモバイルUSによるソフトバンクグループの孫会社で同4位のスプリント・コーポレーションの統合で6兆4,000億円。この2件が金額を押し上げた。2019年に10兆円を超えたあと、2020年以降はコロナ禍の影響で停滞したが、2023年に8兆1,576億円と、コロナ禍前の水準まで回復した。日本製鉄は、米USスチールを2兆53億円で買収すると発表した。日本企業の攻めの姿勢が再び強まっている。なお、日本製鉄によるUSスチールの買収については、2025年1月3日にジョー・バイデン米大統領が買収中止命令を出したが、その後、買収計画を破棄する期限が当初の2月2日から6月18日まで延長されるなど、執筆時点では本案件の最終的な決着はついていない。

図表26：1985年以降の日本企業による海外M&A（IN-OUT）　金額上位20

順位	金額（億円）	当事者1（日本企業）社名	業種	当事者2（外国企業）社名	業種	国籍	形態	公表日など
1	69,695	武田薬品工業	医薬品	シャイアー	医薬品	IRL	買収	2018/5/8
2	33,234	ソフトバンクグループ	通信・放送	アーム・ホールディングス	電機	GBR	買収	2016/7/18
3	22,530	JT（日本たばこ産業）	食品	ガラハー	食品	GBR	買収	2006/12/15
4	22,176	7-Eleven,Inc.（セブン&アイ・ホールディングス孫会社）	スーパー・コンビニ	スピードウェイなど（マラソン・ペトロリアム<MPC>グループ）	スーパー・コンビニ	USA	買収	2020/8/3
5	20,053	ニッポンスチールノースアメリカ（NSNA）［日本製鉄］	鉄鋼	USスチール	鉄鋼	USA	買収	2023/12/19
6	19,172	ソフトバンク（受け皿会社：BBモバイル）	その他販売・卸	ボーダフォン（ボーダフォングループPLC日本法人）	通信・放送	GBR	買収	2006/3/18
7	18,121	ソフトバンク	通信・放送	スプリント・ネクステル・コーポレーション	通信・放送	USA	買収	2012/10/15
8	16,794	サントリーホールディングス	食品	ビーム	食品	USA	買収	2014/1/14

9	12,500	日本生命保険	生保・損保	レゾリューションライフ	生保・損保	USA	買収	2024/12/11
10	12,096	アサヒグループホールディングス	食品	CUB Pty Ltdなど55社（豪州でのビール・サイダー事業）［アンハイザー・ブッシュ・インベブ（ABI）］	食品	BEL	買収	2019/7/19
11	12,040	伊藤忠商事、チャロン・ポカパン（CP）グループ	総合商社	CITIC Limited（中国中信集団<CITIC Group>子会社）	その他金融	CHN	資本参加	2015/1/20
12	11,086	武田薬品工業	医薬品	ナイコメッド	医薬品	SUI	買収	2011/5/20
13	11,000	NTTドコモ	通信・放送	AT&Tワイヤレス	通信・放送	USA	資本参加	2000/11/22
14	10,368	日立グローバルデジタルホールディングス（HGDH）［日立製作所］	ソフト・情報	GlobalLogic Worldwide Holdings, Inc.（グローバルロジック持株会社）	ソフト・情報	USA	買収	2021/3/31
15	10,308	ソフトバンクグループ（SBG）	通信・放送	ウィーカンパニー	サービス	USA	出資拡大	2019/10/23
16	9,680	日立製作所	電機	ABBパワーグリッド事業承継会社（日立ABBパワーグリッド）［ABB］	電機	SUI	買収	2018/12/17
17	9,481	三菱UFJフィナンシャル・グループ（MUFG）	銀行	モルガン・スタンレー	証券	USA	資本参加	2008/9/23
18	9,441	JT（日本たばこ産業）	食品	RJRナビスコグループ	食品	USA	営業譲渡	1999/3/10
19	9,413	東京海上日動火災保険［東京海上ホールディングス］	生保・損保	HCCインシュアランス・ホールディングス	生保・損保	USA	買収	2015/6/11
20	8,999	武田薬品工業	医薬品	ミレニアム・ファーマシューティカルズ	医薬品	USA	買収	2008/4/11

5 海外M&Aの失敗と経済産業省の「海外M&A研究会」

（1）海外の大型買収と失敗案件

　2017年は、過去に東芝や日本郵政が実施した大型M&Aによる巨額損失が発生し、日本企業の海外買収失敗が大きく取り沙汰された年となった。ウェスチングハウス（WH）の破綻処理にともなう東芝の損失は1兆3,600億円に上った。日本郵政の豪物流子会社のトール・ホールディングスが4,003億円、ソニーが米映画事業で1,121億円、住友金属鉱山がチリ銅山で801億円、日立製作所が米原発事業で664億円など、主なものだけで少なくとも2兆円を超えるとされた。「海外M&Aの失敗」は、多くの日本企業が共有する課題として認識されるようになった。

　これまでは、M&Aの成功は案件を成約することを意味していたが、多くの失敗案件が顕在化することにより、M&Aは手段であり対象会社の価値を上げて自社とのシナジーも実現しなければ意味がない、といった考え方が浸透しはじめた。

M&Aプロセスでいうと、交渉開始に始まりクロージングに終わるというのがこれまでの一般的な認識であったが、クロージング後のポストマージャー・インテグレーション（PMI）のフェーズを経て、対象会社への適切なガバナンス体制を確立し、買収によって成し遂げたかった目的を達成できたかを評価するまでM&Aのプロセスは続いていくとの認識が広がった。この認識の変化を象徴的に示す研究会が、経済産業省で実施された。

（2）経済産業省「我が国企業による海外M&A研究会」

経済産業省は2017年8月、「我が国企業による海外M&A研究会」を設置し、翌年3月に報告書を公表した。この研究会は、海外M&Aに関連する知見を広く集めて、海外M&Aを成功へ導くためのポイントを、日本企業の間で広く共有することを目的としていた。この研究会委員には、大学教授3名、弁護士2名、レコフデータの本書筆者に加え、PMIやグローバルなガバナンス体制に詳しい専門家も招聘された。

研究会では数多くの企業へのインタビューが行われ、成功事例研究では、どういう企業がうまくいっているのか、それはなぜか。減損や撤退にいたった事例ではどこに問題があったのかなどが議論された。報告書では、買収の実行局面のみならず、その『前』と『後』に重要なポイントがあることが強調された。この研究会の内容は、日本企業のトップを読者と想定した「海外M&Aを経営に活用する9つの行動」にコンパクトに取りまとめられた。次の図は、その9つの行動を示している。

図表27：海外M&Aを経営に活用する9つの行動

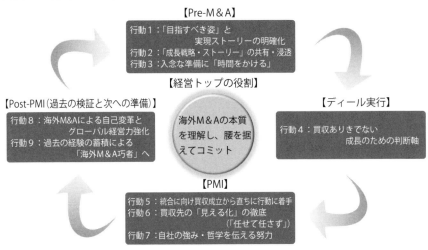

出所：経済産業省「我が国企業による海外M&A研究会」2018/3

(3) PMIの浸透

　研究会の一環としてシンポジウムが行われ、基調講演では、日本電産（現ニデック）永守重信会長（当時）が登壇した。永守氏のトップとしての力量が日本電産のM&Aによって生み出されている企業価値を支えていることに疑問の余地はないが、印象的だったことは永守氏が明確に「M&Aは成約までで2割、PMIが8割」との発言をされていたことであった。

　PMIの重要性は、海外買収に限らず、国内M&Aにおいても変わらない。また、PMIはコンサルティング会社のスキルを活用する場面も多い。DD（デュー・ディリジェンス）のなかでPMIへ向けて具体的に何を明らかにすべきか、クロージング当日までにPMIに関して何を準備しておかねばならないか、買収後の100日プランの項目とアクションは何か、買手と被買収会社間の議論のファシリテーションも含め、PMIコンサルティングサービスというビジネス領域が確立されていった。

　海外M&A（IN-OUT）が国内M&A（IN-IN）を金額ベースで上回ったのは2006年。その2006年から2017年までの12年間、海外M&Aの件数累計は5,730件、金額累計は80兆円となっていた。そのなかでの失敗経験からPMIが重要視されるようになっていった。それは、日本企業のM&Aスキルが進化したことを意味

する。今後もIN-OUT案件が積み上がっていくことを鑑みれば、失敗経験を糧にして、日本企業は貴重な"無形財産"を獲得していったと捉えることができるだろう。

6 ポートフォリオ組み換え、グローバルベースで進展

(1) 日本企業のM&Aは「買い」が先行

　ここでは、上場企業が事業部門や会社を取得する「買い」（合併、買収、事業譲受）の案件と、上場企業が子会社や事業部門を売却する「売り」（事業売却、子会社売却）の案件をそれぞれ抽出し、「上場企業の事業再編動向」をみてみる。

　1985年以降2024年までの40年間の上場企業の「買い」の件数は1万9,270件、金額合計は162兆840億円にのぼる。これに対し、上場企業の「売り」は9,310件、45兆8,470億円と、件数で2.1倍、金額で3.5倍の差がついている。

　日本企業のM&A40年の歴史を振り返ると、1989年前後のバブル期に「買い」が先行して増加した。さらに、バブル崩壊による長引く日本経済の停滞を打開するべく、1997年の純粋持株会社解禁、1999年の株式移転・交換制度導入、2001年の会社分割制度導入など企業組織再編制度が整備された結果、「買い」の案件は2005年には868件とこれまでの最多を記録した。業界再編が活発化し、上場企業に広くM&Aが認知されるとともにその活用が定着した。

　他方、上場企業の「売り」の件数は「買い」の勢いに引っ張られるように増加した。さらに国内市場の縮小などを背景に事業の「選択と集中」の動きも相まって、2008年は489件とこれまでの最多となった。2008年のリーマン・ショックによる世界同時不況が企業を直撃し、子会社や事業の売却による事業の再構築が進む格好となった。2009年は「売り」472件とほぼ横ばいだったが、「買い」が549件まで減少したため、その差は77件に縮まった。

図表28：上場企業の事業再編　1985年以降の件数の推移

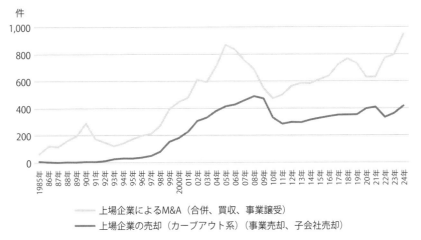

― 上場企業によるM&A（合併、買収、事業譲受）
― 上場企業の売却（カーブアウト系）（事業売却、子会社売却）

（2）2011年から海外M&Aが活発化し、グローバルベースで進展

　その後、2011年頃から海外M&Aが活発化し、「買い」の勢いが復活するとともに、「売り」の戦略は先送りされていった。アジアなど成長市場を求めて海外M&Aが活発化していくなかで、国内事業の見直しは先送りされた。

　2018年には「買い」767件に対し「売り」が352件と、その差が415件に広がった。一方、「売り」の金額は2018年に7兆6,758億円と、これまでの最高額を記録した。経営再建中の東芝が、全額出資子会社の東芝メモリ（現キオクシア）の米ベインキャピタルなどへの売却（2兆円）を発表するなど、一部の大手企業で売却対象が上場子会社や主要事業に広がり、案件規模が大型化した。しかし、外資系ファンドが受け皿となる大型案件が姿を消した2019年は2兆4,243億円まで低下した。

　政府は2020年7月、買収よりは事業の切り出しに重点を置いた「事業再編実務指針」を取りまとめ、日本企業の事業構造改革を後押しした。奇しくも、2020年はコロナショックを契機として「買い」の件数が急減し、「売り」の件数が増加した。「買い」631件に対し、「売り」398件と、その差が233件に縮まった。

　さらに、2021年は「買い」が631件と横ばいで推移したのに対し「売り」は

409件に増加し、その差が222件まで縮まった。金額は「買い」3兆4,479億円に対し、「売り」5兆4,435億円と、「売り」が「買い」を上回った。大手を中心に事業ポートフォリオ組み換えの動きがグローバルベースで進み、このため、外資系投資ファンドなど外国企業が受け皿となるケースが増えた。

2022年は、「買い」が772件と、2018年の767件を上回り、コロナ前の水準に回復した。東証プライムなど上場企業（新興市場上場企業除く）が、未上場企業を買収または事業譲受するケースが増加した。中堅・中小企業の事業承継ニーズにともない、創業者などからの取得案件が増加した。他方、「売り」は334件に減少し、ここ数年の増加傾向に歯止めがかかった。金額は、「買い」2兆9,638億円、14.0％減、「売り」3兆3,988億円、37.6％減と、いずれも減少したが、金額では「売り」が2021年以来2年連続で「買い」を上回っている。大手を中心に事業ポートフォリオ組み換えの動きがグローバルベースで進んできており、このため、ファンドを中心に外資が受け皿となるケースが増えている。外資系投資ファンドによる日本企業の企業価値向上に向けた取組みの実績が積み上がり、その認知が広がっていった。

図表29：上場企業の事業再編（海外案件を含む）　2017年以降の件数の推移

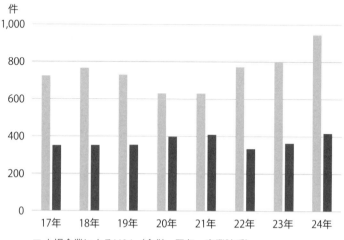

図表30：上場企業の事業再編（海外案件を含む） 2017年以降の金額の推移

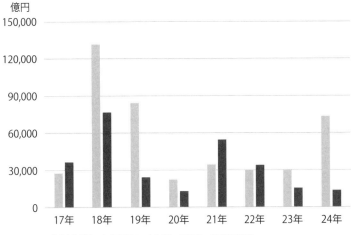

Column

ソフトバンクグループ〜「進化と増殖」に向けたM&A

ソフトバンクグループ(以下「SBG」)を1981年に創業した孫正義会長兼社長によると、同社の歴史は「進化と増殖」によって築かれてきた。「進化」とはビジネスモデルを進化させてほかにはないモノをつくること、また、「増殖」とはそれを営業力で売りまくることを意味する。これに向けて同社は多数のM&Aを実施している。下の表は同社が買手となった主要な大型M&Aである。

図表31:ソフトバンクグループ買手の主要な大型M&A(金額順)

公表年	売手	形態	金額(億円)
2016	アーム・ホールディングス(英国)	買収	33,234
2006	ボーダフォン(英ボーダフォングループPLC日本法人)	買収	19,172
2012	スプリント・ネクステル・コーポレーション(米国)	買収	18,121
2019	LINE	合併	11,806
2019	ウィーワーク(米国)	出資拡大	10,308

(注1)2020年、スプリント・ネクステル・コーポレーションはTモバイルUSとの合併にともない、ソフトバンクグループの子会社から除外
(注2)LINEの合併相手はソフトバンクグループの連結子会社でヤフーを傘下に置くZホールディングス
(注3)ウィーワークの当時の社名はウィーカンパニーであったが、ここでは便宜上ウィーワークとした

とくに2006年、ボーダフォンの買収を発表した時には、携帯電話事業への参入と買収金額が約1兆9,000億円に上ったため大きな注目を集めた。すでにSBGは、2001年にADSLを使ったブロードバンド総合サービス「Yahoo! BB」のサービスを開始し、2004年には固定通信事業の日本テレコムを買収。時代がパソコンからモバ

イルインターネットへ変化しようとするなか、ボーダフォンの買収によってSBGは総合通信事業者へと進化した。当時、同社の社外取締役であったファーストリテイリングの柳井正会長兼社長は、それまでSBGの検討するM&Aには反対することが多かったが、ボーダフォンの買収については千載一遇のチャンスとして強く支持したという。買収後、通信障害が相次いで発生した時期もあったが、2008年には米アップルのiPhoneを日本の携帯電話会社としてはじめて販売。契約件数を大幅に拡大させるとともにスマートフォン普及のきっかけをつくった。

　ボーダフォンの買収から10年が経過した2016年には、英半導体設計大手のアーム・ホールディングス（アームHD）を約3兆3,000億円で買収した。買収直後にエンジニアを急増させたため利益が減少したものの、これによる研究開発強化が功を奏し、需要先がスマホからクラウドや自動車、IoT（Internet of Things）などへ拡大した。2023年にアームHDはナスダックへ上場したが、SBGは依然として90％の株式を保有している。最近、孫氏はASIが10年以内に実現すると主張している。ASIとは人類の叡智を1万倍上回る「人工超知能（Artificial Super Intelligence）」のことであり、AGI（汎用人工知能：Artificial General Intelligence）が脳の神経細胞のようにつながり進化が加速することによって生まれるとしている。そして、ASIの基礎テクノロジーを提供する中核に位置づけられている子会社がアームHDだ。

　2016年はアームHDの買収のほかにも、サウジアラビア王国のファンドと共同でソフトバンク・ビジョン・ファンドを設立すると発表した年でもあった。同ファンドの出資対象はAI、ロボティクスなど世界のテクノロジー企業であり、「ソフトバンクグループレポート2024」によると、累計投資銘柄数は400超、累計投資額は1,500億ドル弱に達している。SBGは、今後さらに出資先同士の提

携やシナジー追求を検討していく考えを示唆している。

　一方、2019年に出資したコワーキングスペース提供を事業とする米ウィーワークは、2023年に米連邦破産法11条に基づく手続きを申請し経営が破綻した。新型コロナ発生後のオフィス需要低迷や金利上昇による資金繰りの悪化によって自力再建を断念した。失敗に終わった同社への出資について孫氏は、「すべて自分の責任であり胸が痛む」と述べている。ただ孫氏は自身のことを「事業家でもあり投資家でもある」としており、ポートフォリオという観点から、失敗があったとしてもこれを十分に上回るだけの成功を収めていけば良しとすると考えているように思われる。

　なお、孫氏は最近「SBGの使命はASIによる人類の進化であることが見えた」と述べている。当面は使命の実現に向け自身で経営の舵取りを続けていく意向のようだ。

7　事業承継M&Aの急拡大

　かつては、事業承継問題を解決するための手法としてMBO（マネジメント・バイアウト）やEBO（エンプロイー・バイアウト）による「暖簾分け」が中小企業などを中心に多くみられたが、昨今の切迫する経営者の高齢化、後継者難などを背景に、会社や事業を同業などの第三者に売却するM&Aが急増している。

　レコフデータでは、オーナー（創業者）、経営者、個人が一定規模の株式、事業を売却する案件を「事業承継M&A」と定義し、2008年から集計を開始している（「事業承継M&A」は、非公表で捕捉不可能な未上場企業同士の案件も多く、実際の件数は公になった件数の数倍ある）。

　事業承継M&Aは、2008年の165件から2017年には323件と2倍に拡大した。さらに近年では、後継者難の問題を解決するための有力な選択肢としてM&Aが定着しつつあり、2018年には500件台、2022年には700件台に達している。2024年は920件となり、900件台まで拡大した。

図表32：事業承継M&A　件数と金額の推移

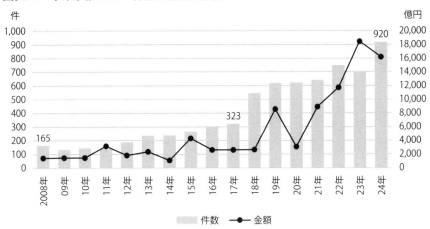

　また、ファンドが買手となるケースも徐々に増えている。2018年に39件と前年比2倍に増加し、2022年には85件と事業承継M&A全体の10％を上回る状況となった。さらに2024年には100件台に達している。

後継者問題に加え、急速なデジタル化による事業環境の変化、会社売却に対する意識の変化も相まって、事業承継M&Aは拡大していくと予測されている。

図表33：投資会社が買い手となる事業承継M&A　件数の推移と事業承継M&A全体に占める割合

8　事業承継M&Aの課題対応

　2021年8月に中小企業庁がフィナンシャル・アドバイザー（FA）業務や仲介業務を行うM&A事業者を対象に「M&A支援機関登録制度」を創設した。当初は400者程度の登録を想定していたが、実際には約3,000者の法人や個人事業主がM&A支援機関として登録された。このうち半数以上が2020年以降にM&A業務を開始したばかりであり、M&A支援業務の専従者数も7割以上が「0〜2人」の少人数で行っている。この登録状況をみると、M&Aに従事する事業者の幅の広さに驚かされるとともに、M&A事業者の質向上はこれからであるということが改めて感じられる。

　なお、M&A事業者の質向上の取組みとしては、2023年9月、後継者不在の中小企業やM&A事業者が適切な行動をとるための基準である「中小M&Aガイドラ

イン」が改訂され、第2版が公表された。さらに同年12月にはM&A仲介業界の民間組織である「M&A仲介協会」にて自主規制ルールが策定されるなど、M&A事業者が遵守すべきルールの明確化と改良が進められた。

また、事業承継M&Aの課題対応に関しては、2024年6月に中小企業庁が「中小企業の事業承継・M&Aに関する検討会」の第1回会議を開催している。本検討会では、中小企業の事業承継・M&Aの現状分析や課題の整理、推進に向けた基本的な方向性が議論されるが、第1回会議では「事業承継・M&Aの主要課題と取組の方向性（案）」として、以下の13の事項が提示された。

---

1. 事業承継・M&Aを契機とした成長支援
① 事業承継税制の最大限の活用促進等
② 後継者支援の強化
③ 中小企業のグループ化の更なる促進
④ 連結会計等のグループ経営管理に係る環境整備
⑤ PMI（Post Merger Integration）の促進
⑥ 経営革新等に必要な設備投資等支援
⑦ エクイティ・ファイナンスの活用促進

2. 事業承継・M&Aの更なる促進に向けた体制強化
⑧ 地域の支援機関の育成・サプライチェーン上の事業承継の啓発
⑨ 地方自治体との連携強化
⑩ 3機関連携の強化

3. M&Aの環境整備に向けた取組の継続
⑪ 中小M&Aガイドラインの改訂・浸透等
⑫ 仲介・FA手数料をはじめとする支援機関の透明性強化
⑬ M&Aの支援を行う者に求められる知識・能力の検討

このうち「1. 事業承継・M&Aを契機とした成長支援」と「2. 事業承継・M&Aの更なる促進に向けた体制強化」の主な事項の概要は以下のとおりである。

「① 事業承継税制の最大限の活用促進等」では、非上場株式などの贈与税・相続税の納付猶予に関する「特例事業承継税制」の適用要件の見直しがあげられている。具体的には、株式贈与日時点で後継者が役員に就任後3年以上経過している必要があるが、この「役員3年要件」の見直しが想定されている。このほか、第三者への事業承継を促進する税制の在り方などを検討する。

「③ 中小企業のグループ化の更なる促進」では、中堅・中小グループ化税制の活用促進のほか、グループ化を進めるうえでの課題精査と必要な措置を検討する。

「⑤ PMI（Post Merger Integration）の促進」では、金融機関を中心としたPMI支援機関の充実や、PMI支援策の充実を行う。

「⑧ 地域の支援機関の育成・サプライチェーン上の事業承継の啓発」では、事業承継・引継ぎ支援センターと中小機構が連携して、地域の支援機関の育成支援を実施し、事業承継を支援するプレイヤーの裾野を広げる。

なお、「3.M&Aの環境整備に向けた取組の継続」については、その後、新たな動きが出ている。

「⑪ 中小M&Aガイドラインの改訂・浸透等」では、2024年8月にガイドラインが改訂され、第3版が公表された。手数料の妥当性を検討するうえでの考慮要素や広告・営業の禁止事項の明記など、留意事項の記載の拡充が図られた。

「⑫ 仲介・FA手数料をはじめとする支援機関の透明性強化」では、M&A支援機関登録制度ホームページにおいて、登録支援機関の手数料体系に関する情報開示が2024年8月から開始された。

「⑬ M&Aの支援を行う者に求められる知識・能力の検討」では、2024年9月に、M&A仲介協会が2025年1月から「M&A支援機関協会」への名称変更を公表した際に、資格制度の創設についても方向性が示された。資格制度検討委員会を設置し、協会独自のM&Aアドバイザーの資格制度の創設を進める方針だ。

中小企業の事業承継M&Aは今後も増加が予想される。一方で、2024年は、買収した企業の現金を買手側に移した後に倒産させ、債務は売手側のオーナー経営者に負わせるといった不適切なM&Aが問題となった。事業承継M&Aを巡る業界にとって「M&A支援の品質」と「M&A件数」という質・量両面でのバランスのとれた向上が求められている。

Column

事業承継の仲介と上場企業のFA（利益相反）

(1) 仲介とFAの違いは何か

事業承継のM&Aでは、M&A仲介会社が買手、売手の双方と仲介契約を締結して案件を成約するケースが多くある。上場企業のM&Aは、売手と買手が別々の投資銀行などと契約してフィナンシャル・アドバイザリー（FA）サービスを受けるケースが基本型で、その役割の違いを下表でまとめた。

	仲　介	フィナンシャル・アドバイザー（FA）
契約	売手・買手双方と契約	売手または買手の片方と契約
役割	案件成就を目的とする両社間の調整役	売手または買手の経済価値最大化を目的とする助言役
価格算定	両社にとって合意可能な範囲での交渉の場を設定	企業価値の適正価格（フェアバリュー）を検証
スタンス	中立的な調整役として、案件を円滑に推進し、案件成就を追求	顧客利益の最大化を目指し、取締役の善管注意義務を果たすプロセスを確保

仲介は買手・売手間の案件成就を目的とし、FAは片方（売手または買手）の経済価値を最大化することを目的としていて、FAの重要な役割には、取締役の株主に対する善管注意義務を担保することが含まれている。

善管注意義務に関していえば、事業承継M&Aの場合は、売手は未上場企業で株主と経営者（代表取締役社長）が同一のケースが多数である。その場合、取締役の株主に対する善管注意義務という概念が当てはまらず、取締役が株主に対して売却プロセスの妥当性を示し、可能な限り高い価格で売却できる相手を選択したことを証明する必要がない。

また、未上場企業オーナー社長は、「良いお相手に自社を引き継いでもらって、社員の雇用と取引先との関係を維持していってほしい。もちろん創業者株主として、相応の対価は受領したい」と考えているケースが多い。つまり、第一義的に"良い買手と案件を成就する"ことを願っているので、案件成就を目的とする「仲介」との相性はよい。上場企業が子会社売却を検討する際に、株主への説明責任を果たして自社の経済価値を最大化するための施策実行を客観的に示すことが重要であることとは明確な違いがある。

　以上の点で、未上場オーナー企業の売却案件、つまり事業承継M&A案件は、仲介との相性がよく、実際に、M&A仲介会社や地域金融機関が仲介をして案件を成約する事例が数多くなっている。

(2) 仲介に内在する利益相反

　M&Aの仲介には、買手と売手間のとくに価格に関する利益相反の問題がよく指摘されている。買収価格は、両者間で利害が対立する項目で、一般に言われている問題点は、仲介会社にとって買手はリピーターとなる顧客で、理論的な買収価格計算にも精通している会社である一方、売手は売却の際の一度きりの顧客で、買収価格の理論的背景への理解もない個人オーナーが多いため、M&A仲介会社は、買手の意向に寄った買収価格で案件をまとめようとする傾向があるのではないかとの指摘である。

　筆者が観察しているM&A仲介の現場では、そういった問題が顕在化している案件は少ない。しかしながら、他の問題を指摘する必要がある。その１つは、買手間の利益相反である。

　M&A仲介会社は、売手Ｘ社に対して買手のマーケティングを行う。Ｘ社がよい売手であれば、買手候補は複数社（Ａ社、Ｂ社、Ｃ社…）出てくる。問題は、最適な買手Ａ社を特定する過程にある。

　買手は仲介会社にとって顧客だが、手数料は個々の買手候補との

交渉によって決まるので、すべての買手が同じ手数料条件ではない。仲介会社からみれば、高い手数料を取れる買手や継続的に取引をしている「お得意さん」を優先させるインセンティブが働く。仲介会社が優先したい買手に対して、他の買手候補の提示条件を漏らしたうえで有利な買収価格を出させることは可能である。他の買手候補より優先させることを条件に、その買手からの手数料を上乗せする交渉をするといったこともあり得る。本来は売手に支払う株式譲渡代金の一部を、仲介会社への手数料に上乗せするのであれば、売手との利益相反になる。

　中小企業庁が発表する「中小M&Aガイドライン」は2024年8月に第3版が公表された。そのポイントの1つが、利益相反防止の観点から、「仲介契約締結前に相手方の手数料の算定基準の開示を求める」こと、さらに「手数料の算定基準を変更する場合については、相手方の手数料を増額する場合、増額の開示を求める」ことが組み込まれている。この背景は、前述の問題点を是正することにある。手数料金額の開示は、前述の行為や疑念を排除するための方策である。

　M&A仲介ビジネスは、事業承継ニーズのある個人オーナーを顧客としていて、参入障壁が低く、中小企業庁に登録をしているFA・仲介会社は現在2,841件（2024年12月17日時点）。これらの会社の営業手法、営業姿勢、コンプライアンス基準は千差万別である。そこで、業界全体の水準を高めていくために中小M&Aガイドラインが見直され、業界の自主規制団体であるM&A仲介協会が設立された（2025年1月からM&A支援機関協会へ名称変更）。今後、業界の問題点が是正されていけばよいが、そうでない場合は、許認可制や処罰も含めた法令での規制といった方向へ進む可能性もある。今後2、3年程度で、方向性が見えてくるのではないだろうか。

9 コロナ禍によるM&Aへの影響

（1）前年比8.8％の減少

　世界的な新型コロナウイルス感染症（COVID-19）拡大により、政府は2020年4月、緊急事態宣言を発出した。世界は物理的にヒトとモノが動かない状況に陥り、進んでいたM&A案件は中断や一時凍結を余儀なくされた。

　2020年の日本企業のM&A件数は3,730件と、それまで最多だった2019年の4,088件を358件、8.8％下回った。新型コロナ禍で海外M&A（IN-OUT）を中心に停滞し、2011年以来9年ぶりの減少となった。それでも2019年、2018年（3,850件）に次ぐ水準を維持した。3,730件のマーケット別内訳は、IN-IN2,944件、IN-OUT557件、OUT-IN229件と、全マーケットで減少したが、このうち、IN-INは1.9％の微減にとどまった。

　月別件数の推移をみると、新型コロナウイルス感染症拡大により緊急事態宣言が発出された4月から5月にかけて大きく落ち込んだ。とくにIN-INは4月に前年同月比23.0％減、5月に20.2％減まで落ちたが、宣言解除とともに6月には回復し、その後も堅調に推移した。さらに11月は前年同月比18.6％の増加に転じ、12月も298件と月間件数で過去2番目の高水準で推移している。

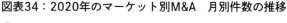

図表34：2020年のマーケット別M&A　月別件数の推移

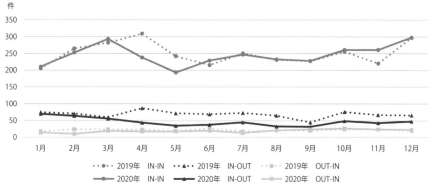

　合意・公表された案件のうち、期日を延期したM&A案件では、日本触媒と三

洋化成工業が、2019年5月に発表した共同持株会社設立による経営統合期日を2020年10月1日から2021年4月1日に延期し、株式移転比率も見直した。また、古河電気工業は、銅・アルミ線・ケーブル製造・販売の米スーペリア・エセックスとの太物巻線事業などの統合を2020年4月1日から同年10月1日に延期したほか、日本産業パートナーズが運営するファンドへの銅管、銅管部品、銅板開発、製造、販売事業の売却を3月から6月下旬をめどに延期した。

(2) 感染拡大・アフターコロナへの対応

　中断や一時凍結があるなかで、新型コロナ感染拡大の対応にM&Aを活用する動きがあった。インターネット総合研究所は、BBA（組織行動診断）、ストレスチェック事業のディジットを買収した。第三者割当増資を引き受け、50％超の株式を取得した。自然人口減、新型コロナウイルス対策という未曽有の社会環境にさらされるなかで、IoT機器による生命関連データ収集とHR Tech分野でのノウハウを融合し、日本が直面している安全衛生と労働生産性の向上という課題解決を目指した。

　投資業のリサ・パートナーズは、SNSマーケティングのBsmoに資本参加し、数十億円規模の第三者割当増資を引き受けた。同社はFacebookやInstagramなどのSNSを活用したプロモーション・コンテンツ企画、解析、SNS公式アカウント運用、レポーティングまでワンストップサービスを提供する。資金調達によりアフターコロナで起こる世界的消費のモバイルシフトにスピード感を持って対応した。

(3) 上場企業の事業再編動向

　新型コロナ禍の上場企業の事業再編の動きを見ると、事業や会社の「買い」が減少する一方で、これまで消極的だった事業や子会社の「売り」が増加する傾向が強まった。経済産業省は2020年1月、「事業再編研究会」を立ち上げ、日本企業のスピンオフなどによる積極的な事業再編を促すため、実効的なガバナンスの仕組みを構築するための具体的な方策について検討し、買収よりは事業の切り出しに重点を置いた「事業再編実務指針」を同年7月に取りまとめた。定期的に事業ポートフォリオに関する基本方針を見直し、取締役会が事業ポートフォリオマネジメントの実施状況の監督を行うべきといった提言を行い、日本企業の事業構

造改革を後押しした。

　また、投資ファンドのアドバンテッジパートナーズは同年4月に総額850億円のファンドの自己募集を完了。幅広い業種の事業を対象に、事業承継、企業グループからのカーブアウト、非上場化MBOなどのバイアウト投資を行う方針を明らかにした。このほかにも苦境の企業からの支援要請に応えるべく、ファンドの投資意欲は高まり、コロナとの共存下あるいはコロナショック後の事業戦略転換に向けて、M&Aによる事業ポートフォリオの組換えが一気に活発化した。上場企業が子会社や事業を切り出して売却するカーブアウト系の案件は2020年398件と前年の354件から44件、12.4％増加した。M&A総件数に占める割合は10.7％と、前年1年間の8.7％から2.0ポイント上昇した。

図表35：上場企業の事業再編（海外案件を含む）

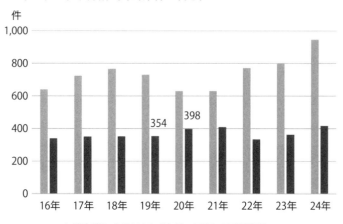

10　ベンチャー投資の拡大

　国内ベンチャー企業への出資M&A（IN-IN、OUT-IN）は、2013年に135件と、前年の52件から急増した。うちIN-INが126件と前年の49件から2.6倍に拡大した。とりわけ事業会社自らがベンチャー企業へ直接投資する動きは、NTTドコモ

やKDDIなど通信・ITサービスの分野を中心とした「コーポレート・ベンチャー・キャピタル（CVC）投資」が先行するなかで、2015年頃から増加し始めた。IoTやAIで加速する第4次産業革命の進展を背景に、優良ベンチャーの発掘、育成・支援はもとより協業連携・深化による事業強化に向けた投資が徐々に活発化し、2017年を起点に急拡大した。トヨタ自動車が、東京大学発ベンチャーでAI開発のPreferred Networksに約105億円を追加出資するなど、国内ベンチャーの資金調達額も大型化し始めた。

DX（デジタルトランスフォーメーション）が推進されるなか、ベンチャーとの連携による技術やノウハウの取り込みを目指してベンチャー投資の勢いは加速し、2018年には1,076件と1,000件を超え、2022年まで10年連続で最多を更新した。その後は投資先の選別が進み、件数は下降気味で、ベンチャー企業による資金調達は苦戦しているものの、2024年は1,276件と、M&A総件数4,700件の27.15％を占め、引き続き一定の存在感を示している。

図表36：国内ベンチャー企業へのM&A　マーケット別件数・金額 前年同期比較

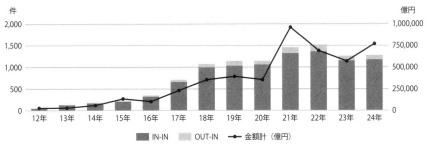

日本のベンチャー企業がM&Aにより経営権または事業権を国内外の事業会社に売却（形態：買収、事業譲渡）し、エグジットするケースは、2024年に111件あった。金額トップはOUT-INで、2021年に決済大手の米ペイパルが、後払いサービス提供のPaidyを3,000億円で買収し、日本市場に本格参入した。2位は三菱UFJ銀行（東京）による持ち分法適用会社のウェルスナビの買収で約999億円。大半の金額は最大数百億円規模で、2022年にはディー・エヌ・エー（DeNA）による医療ICTのアルムの買収、三菱UFJ銀行によるFintech企業のカンムの買収があった。また、2017年にKDDIの子会社となったIoT通信プラットフォーム提

供のソラコムは、2024年3月に東証グロースに上場した。大手企業の傘下で成長を遂げ、IPOに成功した。

政府は2022年を「スタートアップ創出元年」とし、骨太の方針において「スタートアップへの投資」を重点投資分野の1つに掲げた。令和4年度第2次補正予算でスタートアップ支援の施策が過去最高規模の約1兆円で計上され、令和5年度税制改正では、スタートアップ・エコシステムの抜本強化に向けて、パーシャルスピンオフ税制など7つの税制を改正、2023年6月には、骨太の方針において「スタートアップの推進と新たな産業構造への転換」が引き続き重点分野に位置づけられた。

経済産業省が2023年7月に公表した取り組み方針でも、7つの税制改正の1つで、同年4月に施行したオープンイノベーション促進税制でM&Aによるエグジットを促進し、出口戦略の多様化を図る。また、M&Aで事業会社とスタートアップの協業を深化し、双方のさらなる成長を強力に後押しするとしている。

11 PEファンドのプレゼンス増大

日本の（国内系）PEファンドによる日本企業へのM&Aは、2000年代に急拡大した。2007年にピークに達したが、その後はリーマン・ショックによる金融危機などの影響を受けて停滞。2013年より再び増加に転じ、2021年に104件と前年比25.3％増加し、初めて100件を超えた。2023年には120件と、2022年比11.1％減少したものの、金額は3兆6,776億円と、前年の2,275億円から16倍に拡大し、外資系PEファンド（OUT-IN）の9,021億円を大きく上回った。近年は東芝やJSR、新光電気工業といった、官製ファンドによる投資案件が大型化しているのが目立つ。ファンドがオーナーや経営者から株式や事業を取得する、いわゆる「事業承継」案件は2024年の175件のうち56.0％と、過半を占めている。

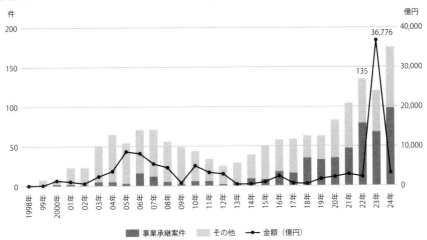

図表37：日本のPEファンドによるM&A（形態：買収、事業譲渡）件数と金額の推移

　かつては産業再生機構（2003年設立）や企業再生支援機構（2009年設立）が破綻企業の事業再生を担った。近年は地銀が投資子会社による地元企業の再生支援に乗り出している。

　官製ファンドでは、2023年に大型案件が相次いだ。日本産業パートナーズ（JIP）は国内事業会社などと共同で、東芝を2兆円で買収した。産業革新投資機構（JIC）の全額出資子会社のJICキャピタル（JICC）は、半導体素材であるフォトレジスト（感光材）で世界首位のJSRを買収（9,034億円）した。さらに、JICCは大日本印刷（DNP）、三井化学と共同で、半導体パッケージ大手の新光電気工業を買収（6,848億円）する。グローバルかつデジタル化が進む経営環境下で、上場企業を中心に事業構造改革の動きが進展するなか、外資系ファンドのみならず、国内系ファンドが事業再生・再構築の担い手となるケースが増え、実績も積み上がってきている。

**図表38：2022年〜2024年のPEファンドが買手となる案件
（1,000億円以上）**

公表日など	当事者1（買い手側）	当事者2（売り手側）	形態	金額（百万円）	マーケット
2022/1/14	伊藤忠商事、日本産業パートナーズ（JIP）	日立建機	資本参加	182,457	IN-IN
2022/3/18	コールバーグ・クラビス・ロバーツ（KKR）	三菱商事・ユービーエス・リアリティ	買収	230,000	OUT-IN
2022/5/1	コールバーグ・クラビス・ロバーツ（KKR）	日立物流	買収	671,213	OUT-IN
2022/5/19	パブリック・インベストメント・ファンド（PIF）	任天堂	資本参加	638,558	OUT-IN
2022/8/30	ベインキャピタル	エビデント［オリンパス］	買収	427,674	OUT-IN
2022/11/16	ベインキャピタル	マッシュホールディングス	買収	200,000	OUT-IN
2023/3/24	日本産業パートナーズ（JIP）など	東芝	買収	2,000,875	IN-IN
2023/6/27	産業革新投資機構（JIC）	JSR	買収	904,478	IN-IN
2023/11/11	EQT、ベネッセホールディングス現経営陣	ベネッセホールディングス	買収	208,698	OUT-IN
2023/12/9	ベインキャピタル、アウトソーシング現経営陣	アウトソーシング	買収	221,395	OUT-IN
2023/12/13	産業革新投資機構（JIC）など	新光電気工業	買収	684,880	IN-IN
2023/12/15	CVCキャピタル・パートナーズ	総合メディカルグループ（ポラリス運営ファンド投資先）	買収	170,000	OUT-IN
2024/5/21	カーライル・グループ	日本KFCホールディングス	買収	135,030	OUT-IN
2024/6/19	ブラックストーン・グループ	インフォコム	買収	275,970	OUT-IN
2024/8/9	コールバーグ・クラビス・ロバーツ（KKR）	富士ソフト	買収	589,389	OUT-IN
2024/10/1	ベインキャピタル	ティーガイア	買収	142,561	OUT-IN
2024/10/12	ヒルハウス・インベストメント・マネジメント	サムティホールディングス	買収	106,755	OUT-IN
2024/12/11	オアシス・マネジメント・カンパニー	花王	資本参加	148,917	OUT-IN

他方、外資系ファンド、PEファンドにおいては、上場企業の事業再構築や事業ポートフォリオ組み換えのための受け皿となるケースが増えており、2018年頃から大型投資が活発化している。2018年に米ベインキャピタルを軸とするコンソーシアムが東芝の半導体メモリー子会社の東芝メモリを2兆円で買収したほか、香港を本拠とするベアリング・プライベート・エクイティ・アジア（BPEA）は、パイオニアを買収した。2022年には米ベインキャピタルが、日本産業パートナーズが運営するファンドなどと共同で、日立製作所から日立金属を買収した。

　エグジットへの動きも本格化している。投資会社が投資先企業の株式や事業を売却する案件は2023年1年間で110件と、2022年の90件から22.22％増加した。金額は1兆960億円と前年比4.1倍に拡大し、初めて1兆円を超えた。2024年も141件、1兆7,995億円と活発だった。ベインキャピタルがMBOを支援した医療事務受託・介護・保育事業を展開するニチイホールディングスを日本生命保険に、風力発電事業の日本風力開発の持株会社をインフロニア・ホールディングスへ売却したほか、アラブ首長国連保（UAE）系政府ファンドの投資先である米フォートレス・インベストメント・グループのファンドが、ゴルフ場運営・管理のアコーディア・ゴルフ（東京）の親会社を売却する。これまで、米リップルウッド・ホールディングスが2003年に買収した日本テレコムをソフトバンクに2004年に売却したほか、産業再生機構が支援したカネボウ化粧品とカネボウは、2006年に花王、アドバンテッジパートナーズ、ユニゾン・キャピタルの連合の傘下に入った。2010年より企業再生支援機構のもと再建に取り組んだ日本航空は、2012年に再上場した。ファンドの売却が、事業の強化・拡充に加え、業界再編の呼び水となるケースも出てきている。PEファンドはM&A市場の中で確固たる存在感を示している。

図表39：投資会社の売却　件数と金額の推移

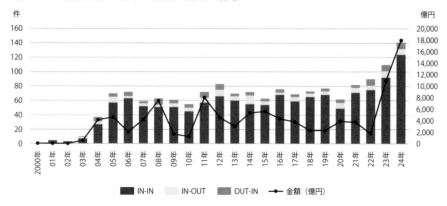

おわりに

　本書原稿を書き終えて読み返してみると、完結した感じがないというのが最初の感想でした。海外から国境を越えた買収提案がなされるなどM&A史は刷新され続け、現実の社会では日々、新たなページが書き加えられています。

　レコフデータでは、MARR Online（マールオンライン）ならびに月刊誌「MARR（マール）」において記事を掲載していますが、そこでは随時、新たな出来事にその時点の考察を加えています。ところが、今回のような書籍の出版となると、執筆時に一度歴史を止めて過去をみて、その時点までの考察や総括をすることになります。歴史を止める"一区切り"として、現在がふさわしいのかは正直よくわかりません。後から振り返ってみれば、過去の区切りは、ある出来事があったその年が歴史の転換点になったのだとわかりますが、2009年以降の流れが継続している中にいると、それはわからないものだということに改めて気づかされました。ただ、M&Aの果たす役割が急速に広がり多様化しているこの時に、現在と将来を考える糧になればと思い、M&A史をまとめてみました。

　本書の執筆にあたり、多くの方々にご支援をいただいたので、この場を借りて感謝の意を表したいと思います。これまで、MARRやM&Aデータベース構築に携わった方々、それを支えてくださった顧客の皆様へ御礼を申し上げます。1973年にM&Aビジネスを"発見"し、それを事業として確立されたレコフの創業者、吉田允昭氏の功績に改めて敬意を表します。

　本書を読まれた方が、M&Aの歴史を踏まえることで、新たな気づきを獲得されたのであれば、これにまさる喜びはありません。

2025年3月

筆者一同

巻末資料

レコフデータの沿革

　レコフデータは、2008年4月に株式会社レコフの出版事業と情報提供サービス事業を分社化して設立された。レコフは、1987年の創立以来、わが国独立系M&Aブティックの草分けとして、わが国企業のM&A戦略実現化のサポートをしてきたが、そのかたわら、M&Aデータベースも構築していた。当初、このデータベースは社内限りのものであったが、日本のM&A普及のための共有財産にすべきとの考えから、1995年1月、日本で唯一のM&A専門月刊誌「マール」を創刊。今日では、ビジネスとしてM&Aに携わる方々や大学・調査機関でM&Aを研究する方々などに欠かせない専門誌となっている。

　また、2002年に日経テレコン21を通じてインターネットでの情報提供サービスを開始し、2006年には「マールM&AデータCD-ROM」の発売を開始した。便利な検索機能を備えたデジタルデータを提供することでサービスを拡充し、M&Aの実務者、研究者の方々から好評を得た。2008年4月、レコフデータはこれらの事業を引き継ぐ形でレコフから分社。現在では1985年以降のM&Aデータベースのデータ数は12万件超となった。

　さらに、M&Aと密接に関連する子会社株式取得、分社・分割、持株会社、防衛策、ファンド情報などについてもデータベースを構築するなど、多様化・高度化する顧客のニーズに応え、最高品質の情報・サービスを提供し続けるべく努力している。その一環として、レコフデータは、2010年5月から、従来のCD-ROMの機能を拡充するとともに、多様なM&A関連データを追加掲載して、インターネット上でデータベースを提供する「レコフM&Aデータベース」のサービスを開始した。さらに、2010年9月にM&A情報・データサイト「MARR Online（マールオンライン）」を開設し、情報の多角化、利便性の向上に努めている。2024年6月には「レコフM&Aデータベース」をアップグレードし、新機能・新データを追加したM&Aデータベース「MARR Pro（マールプロ）」のサービスを開始した。

　レコフデータは、信頼性の高いM&Aデータベースの提供を通じて、M&A戦略実現による企業の活性化とM&A市場の発展を促進し、ひいてはわが国産業界の発展に引き続き貢献していく。

【沿革】

1987年12月	(株)レコフ事務所(現(株)レコフ)設立
1995年1月	M&A専門月刊誌「MARR(マール)」創刊
2001年7月	第1回RECOF賞表彰(懸賞論文制度創設:～2006年7月第6回表彰)
2002年7月	日経テレコンへM&Aデータ提供開始
2003年3月	「日本企業のM&Aデータブック 1988-2002」発行
2006年2月	マールM&AデータCD-ROM販売開始
2007年3月	日経テレコンへ防衛策データ提供開始
2007年7月	第1回M&Aフォーラム賞『RECOF賞』表彰(RECOF賞から「M&Aフォーラム」に引継ぎ)
2008年2月	「日本企業のM&Aデータブック 1988-2007」発行
2008年4月	(株)レコフより分社 (株)レコフデータ設立
2010年5月	レコフM&Aデータベース販売開始
2010年9月	M&A情報・データサイト「MARR Online」開設
2011年2月	「SPEEDA RECOF」(スピーダレコフ)サービス開始
2011年2月	M&A市場に関する調査分析レポート「MARR2011」(M&Aレポート2011)販売開始
2012年2月	「Webマール」発刊 M&A市場に関する調査分析レポート販売開始 M&A専門月刊誌「MARR(マール)」「記事編」を完全Web化
2012年11月	プロフェッショナル向けデータ提供サービス「第三者割当データ」販売開始
2013年2月	M&A市場に関する調査分析レポート「MARR2013」(M&Aレポート2013)販売開始
2013年4月	「レコフM&Aデータベース」データ拡充、機能強化にともない料金改定
2014年2月	M&A市場に関する調査分析レポート「MARR2014」(M&Aレポート2014)販売開始
2014年5月	「マールM&Aセミナー」開始
2015年2月	M&A市場に関する調査分析レポート「MARR2015」(M&Aレポート2015)販売開始
2015年4月	M&A情報・データサイト「MARR Online」リニューアル
2016年2月	M&A市場に関する調査分析レポート「MARR2016」(M&Aレポート2016)販売開始
2016年8月	M&A専門月刊誌「MARR(マール)」に「M&Aアドバイザー情報」掲載開始
2017年2月	M&A市場に関する調査分析レポート「MARR2017」(M&Aレポート2017)販売開始
2018年4月	M&A情報・データサイト「MARR Online」リニューアル
2019年3月	「M&Aフォーラム」事務局事業を譲り受け

2019年4月	「レコフM&Aデータベース」リニューアル。「スキーム別詳細情報」、「M&Aアドバイザー情報」の提供開始
2020年10月	M&Aマッチングサイト「MARR MATCHING（マールマッチング）」開始
2021年4月	事業承継ページを開設
2021年11月	M&A情報・データサイト「MARR Online」リニューアル
2021年12月	MARR MATCHING（マールマッチング）事業を分社化
2023年3月	本社を千代田区麹町から千代田区神田須田町に移転
2023年7月	（株）マールマッチングを吸収合併
2023年11月	人材紹介事業「MARR Career」開始
2024年6月	「MARR Pro」販売開始

データの見方

M&Aデータ

●対象
　日本企業が当事者となるM&A。ただし、グループ内M&Aは除く。
●M&Aとは
　M&Aとは、既存の経営資源の活用を目的に企業や事業の経営権を移動することをいう。経営参画につながる株式取得も含む。資産、負債の移転をともなわない単なる業務提携は除く。
●M&Aの形態
・合併：2当事者以上が合併契約で1社になること。合併（株式移転・持株会社）とは株式移転により共同持株会社をつくり、統合すること。また、合併（株式交換・持株会社）とは会社分割により持株会社をつくり、その持株会社が株式交換を使って統合すること。すでに持株会社になっている場合も含む。
・買収：50％超の株式取得。50％以下でも経営を支配する場合（会社法2条3号参照）を含む。増資引受け、既存株主からの取得、株式交換、株式交付がある。会社分割の結果、分割会社が承継会社の親会社になる場合は買収とする。合併の結果、消滅会社の親会社が存続会社の親会社となる場合も買収とすることがある。
・事業譲渡：資産、従業員、のれんなどからなる「事業」の譲渡。2社間での既存事業の統合も含む。会社分割は原則として事業譲渡に分類する。ただし、承継会社が子会社になる場合は除く。
・資本参加：50％以下の株式取得。ただし、子会社になる場合は除く。増資引き受け、既存株主からの取得による。初回の取得に限る。
・出資拡大：資本参加をしている当事者による50％以下の株式の追加取得。
（注）すでに50％超出資している場合や、子会社化している場合、株式の追加取得は、買収や出資拡大から除く。
●企業の国籍（日本企業、外国企業）と日本企業の分類
　国籍は原則として企業の資本構成により判断する。住所地も参考にする。

127

- M&Aのマーケット
  - IN-IN：日本企業同士のM&A。
  - IN-OUT：日本企業が当事者１、外国企業が当事者２となるM&A。
  - OUT-IN：外国企業が当事者１、日本企業が当事者２となるM&A。
- 金額

  当該M&Aを実行するために当事者１が当事者２側に支払う対価をいう。原則としてニュース・リリースや新聞に掲載されたものを表記している。一部、推計も含まれる。
- 業種

  証券取引所の定める新業種分類（33業種）をベースに、マール独自の業種を加えた40業種に分類している。

グループ内M&Aデータ

- 対象

  日本企業が当事者となるM&Aのうち、当事者が親会社と子会社、または筆頭株主と関連会社の関係にあるなど、意思決定の主体が実質的に同一とみられるもの。ただし、当事者１、当事者２とも上場企業同士の場合はM&Aデータとする。

関連データ

- 子会社株式取得データ
  - 100％化：すでに50％超出資または子会社化している会社を100％子会社にするもの。
  - 買い増し：すでに50％超出資または子会社化している会社の株式の追加取得。100％化を除く。
- 分社・分割データ

  企業が、事業を分社したり、会社分割制度を利用して新設会社に事業を移管したりするもの。資本金は分社企業の資本金。
- 持株会社データ

  企業が、株式移転、会社分割制度などを利用して、持株会社を設立するもの。資本金は持株会社の資本金。
- 外国企業（日本法人）のM&Aデータ

外国企業日本法人同士および外国企業日本法人と外国企業が当事者となるM&A。
- 外国企業（日本企業が資本参加）のM&Aデータ
 日本企業が資本参加している外国企業が当事者となるM&A。
- 外国企業株式売却データ
 日本企業が資本参加する外国企業の株式の売却。

買収への対応方針（買収防衛策）データ

　上場企業が会社法（旧商法会社編を含む）の仕組みを利用して構成した買収への対応方針（買収防衛策）を取り上げる。事前警告型、信託型ライツプラン、その他に分類する。導入時や発動時の手続き、対抗措置の内容などをまとめている。発表日は原則、リリース日。

（注）このデータの見方は、2023年9月から適用

大型案件トップ20

大型案件トップ20【1985年～1990年】

順位	金額（億円）	当事者1	当事者2	公表日など	形態	マーケット
1	31,651	三井銀行	太陽神戸銀行	1989/08/29	合併	IN-IN
2	9,511	協和銀行	埼玉銀行	1990/11/13	合併	IN-IN
3	7,800	松下電器産業	MCA	1990/11/27	買収	IN-OUT
4	6,440	ソニー	コロムビア・ピクチャーズ	1989/09/28	買収	IN-OUT
5	3,332	ブリヂストン	ファイアストン・タイヤ・アンド・ラバー	1988/03/19	買収	IN-OUT
6	3,151	三菱金属	三菱鉱業セメント	1990/04/11	合併	IN-IN
7	2,880	西武セゾングループ	インターコンチネンタル・ホテルズ	1988/09/30	買収	IN-OUT
8	2,000	第一勧業銀行	CITグループ	1989/09/20	買収	IN-OUT
9	1,900	住友商事、他	クック・ケーブル・ビジョン	1989/02/17	買収	IN-OUT
10	1,890	富士通	ICL	1990/07/31	買収	IN-OUT
11	1,591	青木建設	ウェスティン・ホテルズ	1987/10/29	買収	IN-OUT
12	1,276	三菱商事	アリステミック・ケミカル	1990/03/09	買収	IN-OUT
13	1,200	三菱地所	ロックフェラーグループ	1989/10/31	買収	IN-OUT
14	1,100	アサヒビール	エルダーズIXL	1990/09/15	資本参加	IN-OUT
15	1,050	藤沢薬品工業	ライフォメッド	1989/08/28	買収	IN-OUT
16	1,050	パロマ工業	リーム・マニュファクチャリング	1988/03/25	買収	IN-OUT
17	1,000	日本鉱業	コノコ	1988/04/19	営業譲渡	IN-OUT
18	900	東京銀行	ユニオン銀行	1988/02/17	買収	IN-OUT
19	840	大日本インキ化学工業	サン・ケミカル	1986/08/19	営業譲渡	IN-OUT
20	825	大日本インキ化学工業	ライヒホールド・ケミカルズ	1987/08/28	買収	IN-OUT

（注）公表日をベースに集計（以下同）

大型案件トップ20【1991年～1998年】

順位	金額（億円）	当事者1	当事者2	公表日など	形態	マーケット
1	33,986	三菱銀行	東京銀行	1995/03/29	合併	IN-IN
2	4,769	シーグラム	MCA［松下電器産業］	1995/04/07	買収	OUT-IN
3	3,700	バス	インターコンチネンタルホテルズ・アンド・リゾーツ	1998/02/21	買収	OUT-IN
4	3,572	三井石油化学工業	三井東圧化学	1996/09/09	合併	IN-IN
5	3,100	オリックス	クラウン・リーシング	1997/06/07	営業譲渡	IN-IN
6	2,841	三菱化成	三菱油化	1993/12/24	合併	IN-IN
7	2,791	新王子製紙	本州製紙	1996/03/30	合併	IN-IN
8	2,300	グランド・パブ・カンパニー	イントレプレナー・パブ・カンパニー、スプリング・イン	1997/09/24	買収	IN-OUT
9	2,292	十條製紙	山陽国策パルプ	1992/07/08	合併	IN-IN
10	2,250	野村証券：英国法人	ソーン	1998/07/06	買収	IN-OUT
11	2,200	ドイツ交通銀行	日本長期信用銀行	1998/06/13	営業譲渡	OUT-IN
12	2,200	トラベラーズ・グループ	日興証券	1998/06/02	資本参加	OUT-IN
13	2,000	サイス・エナジー	GPU	1998/11/11	営業譲渡	IN-OUT
14	2,000	日本石油	日本石油精製	1995/12/06	買収	IN-IN
15	1,995	三菱銀行	日本信託銀行	1994/10/12	買収	IN-IN
16	1,931	ダイエー	忠実屋、ユニードダイエー、ダイナハ	1993/06/12	合併	IN-IN
17	1,850	松下電器産業	松下電子工業	1993/04/30	買収	IN-IN
18	1,584	BHP	フォスターズ	1991/10/09	買収	OUT-IN
19	1,536	飛島建設	ナナトミ	1991/07/10	営業譲渡	IN-IN
20	1,500	ソフトバンク	ジフ・デービス・パブリッシング	1995/10/20	買収	IN-OUT

大型案件トップ20【1999年~2008年】

順位	金額(億円)	当事者1	当事者2	公表日など	形態	マーケット
1	49,150	富士銀行	第一勧業銀行、日本興業銀行	1999/08/20	合併	IN-IN
2	34,962	住友銀行	さくら銀行	1999/10/15	合併	IN-IN
3	22,530	JT	ガラハー	2006/12/15	買収	IN-OUT
4	19,600	預金保険機構	りそなホールディングス	2003/06/10	買収	IN-IN
5	19,172	ソフトバンク	ボーダフォン	2006/03/18	買収	IN-OUT
6	18,834	DDI	KDD、日本移動通信	1999/12/16	合併	IN-IN
7	17,928	三和銀行	東海銀行、東洋信託銀行	2000/07/05	合併	IN-IN
8	13,523	イトーヨーカ堂	セブン-イレブン・ジャパン、デニーズジャパン	2005/04/21	合併	IN-IN
9	11,484	東京三菱銀行	三菱信託銀行、日本信託銀行	2000/04/19	合併	IN-IN
10	11,049	タイコ・インターナショナル	CITグループ	2001/03/14	買収	OUT-IN
11	11,000	NTTドコモ	AT&Tワイヤレス	2000/11/22	資本参加	IN-OUT
12	9,481	三菱UFJフィナンシャル・グループ	モルガン・スタンレー	2008/09/23	資本参加	IN-OUT
13	9,441	JT	RJRナビスコグループ	1999/03/10	営業譲渡	IN-OUT
14	9,200	シティグループ・ジャパン・インベストメンツ・エルエルシー	日興コーディアルグループ	2007/03/06	買収	OUT-IN
15	8,999	武田薬品工業	ミレニアム・ファーマシューティカルズ	2008/04/11	買収	IN-OUT
16	8,700	GEキャピタル	日本リース、日本リースオート	1999/01/23	営業譲渡	OUT-IN
17	8,401	山之内製薬	藤沢薬品工業	2004/02/25	合併	IN-IN
18	7,968	三共	第一製薬	2005/02/19	合併	IN-IN
19	7,000	三菱東京フィナンシャル・グループ	UFJ銀行	2004/09/11	資本参加	IN-IN
20	6,523	ボーダフォン・グループ	日本テレコム、J-フォン	2001/05/01	出資拡大	OUT-IN

大型案件トップ20【2009年〜2024年】

順位	金額（億円）	当事者1	当事者2	公表日など	形態	マーケット
1	69,695	武田薬品工業	シャイアー	2018/05/08	買収	IN-OUT
2	64,000	TモバイルUS	スプリント・コーポレーション	2018/05/01	買収	OUT-IN
3	33,234	ソフトバンクグループ	アーム・ホールディングス	2016/07/18	買収	IN-OUT
4	22,176	7-Eleven,Inc.	スピードウェイなど	2020/08/03	買収	IN-OUT
5	20,053	ニッポンスチールノースアメリカ	USスチール	2023/12/19	買収	IN-OUT
6	20,009	日本産業パートナーズを中心とするコンソーシアム	東芝	2023/03/24	買収	IN-IN
7	20,003	ベインキャピタルを軸とする企業コンソーシアム	東芝メモリ	2017/09/28	買収	OUT-IN
8	19,349	USバンコープ	MUFGユニオンバンク	2021/09/22	買収	OUT-IN
9	18,121	ソフトバンク	スプリント・ネクステル・コーポレーション	2012/10/15	買収	IN-OUT
10	16,794	サントリーホールディングス	ビーム	2014/01/14	買収	IN-OUT
11	12,851	ニプシー・インターナショナル・リミテッドなど	日本ペイントホールディングス	2020/08/21	買収	OUT-IN
12	12,500	日本生命保険	レゾリューションライフ	2019/07/19	買収	IN-OUT
13	12,096	アサヒグループホールディングス	CUB Pty Ltdなど55社	2015/01/20	買収	IN-OUT
14	12,040	伊藤忠商事、チャロン・ポカパングループ	CITIC Limited	2019/11/18	資本参加	IN-OUT
15	11,806	Zホールディングス	LINE	2011/05/20	合併	IN-IN
16	11,086	武田薬品工業	ナイコメッド	2021/03/31	買収	IN-OUT
17	10,368	日立グローバルデジタルホールディングス	GlobalLogic Worldwide Holdings, Inc.	2019/10/23	買収	IN-OUT
18	10,308	ソフトバンクグループ	ウィーカンパニー	2012/05/21	出資拡大	IN-OUT
19	10,000	原子力損害賠償支援機構	東京電力	2018/12/17	買収	IN-IN
20	9,680	日立製作所	ABBパワーグリッド事業承継会社	2019/12/19	買収	IN-OUT

◇編者・執筆者紹介◇

■編者

株式会社レコフデータ

　レコフデータは、1985年以降のM&Aデータベースを構築しています。

　このデータベースを日本のM&A普及のための共有財産にするべきとの考えに基づき、M&A専門誌「MARR（マール）」の発行、M&A情報・データサイト「MARR Online（マールオンライン）」の運営、検索サービス「レコフM&Aデータベース」および「MARR Pro（マールプロ）」の提供を行っています。

　また、M&A人材の育成と業界の活性化を支援するべく、「M&A人材育成塾」、M&Aに関する優れた著作、研究論文を表彰する「M&Aフォーラム賞」を軸として「M&Aフォーラム」の運営を行い、M&A人材に特化した人材紹介サービス「MARR Career（マールキャリア）」を通じて、マッチングの場も提供しています。

■執筆者

赤岩かおり
岩口敏史
梅本建紀
小笠原雅樹
澤田英之
田城謙一
余語郁澄
吉富優子

M&A Booklet

データで読み解く

日本のM&A40年史

2025年5月1日　第1版第1刷発行

編　者	株式会社レコフデータ	
発行者	山　本　　　継	
発行所	㈱中央経済社	
発売元	㈱中央経済グループ パブリッシング	

〒101-0051　東京都千代田区神田神保町1-35
電話　03 (3293) 3371（編集代表）
　　　03 (3293) 3381（営業代表）
https://www.chuokeizai.co.jp
印刷・製本／文唱堂印刷㈱

Ⓒ 2025
Printed in Japan

＊頁の「欠落」や「順序違い」などがありましたらお取り替えいたしますので発売元までご送付ください。（送料小社負担）
ISBN978-4-502-53751-6　C3334

JCOPY〈出版者著作権管理機構委託出版物〉本書を無断で複写複製（コピー）することは、著作権法上の例外を除き、禁じられています。本書をコピーされる場合は事前に出版者著作権管理機構（JCOPY）の許諾を受けてください。
　JCOPY〈https://www.jcopy.or.jp　eメール：info@jcopy.or.jp〉

M&Aブックレットシリーズについて

　私は約30年間M&Aの世界に身を置いている。

　この間、国内外のさまざまな企業による多くの実例が積み上がり、今では連日のようにM&Aに関連する報道が飛び交っている。一方で、「M&Aってどんなこと？」と敷居の高さを感じる方も多いのではないだろうか。

　本シリーズはこの現状に一石を投じ、学生や新社会人からM&A業務の担当者、さらにアドバイスする側の専門家など、M&Aに関心のあるすべての方々にご活用いただくことを念頭に、「M&Aの民主化」を試みるものである。

　本シリーズの特徴は、第一に、読者が最も関心のある事項に取り組みやすいよう各巻を100ページ前後の分量に「小分け」にして、M&A全般を網羅している。第二に、理解度や経験値に応じて活用できるよう、概論・初級・中級・上級というレベル分けを施した。第三に、多岐にわたるM&Aのトピックを、プロセスの段階や深度、また対象国別など、テーマごとに1冊で完結させた。そして、この"レベル感"と"テーマ"をそれぞれ縦軸と横軸として、必要なテーマに簡単にたどり着けるよう工夫をこらしてある。

　本シリーズには、足掛け5年という構想と企画の時間を費やした。発刊に漕ぎ着けたのは、ひとえに事務局メンバーの岩崎敦さん、平井涼真さん、堀江大介さんのご尽力あってこそである。加えて、構想段階から"同志"としてお付き合いいただいた中央経済社の杉原茂樹さんと和田豊さんには、厚く御礼申し上げる。

　本シリーズがM&Aに取り組むさまざまな方々のお手元に届き、その課題解決の一助になることを願ってやまない。

シリーズ監修者　福谷尚久